パラリンピックのアスリートたち

もっともっと、速くなれる

―パラ水泳　山田拓朗

文・沢田俊子

新日本出版社

もくじ

装丁・デザイン　周 玉慧

表紙写真　アフロスポーツ

コラムイラスト　野々村京子

校正　村井みちよ

プロローグ

山田拓朗《やまだたくろう》は生まれつき、左腕《ひだりうで》のひじから先がありません。でも、そのことで不自由《ふじゆう》と感じることは何もなく、元気に育ちました。ただ、困《こま》ったことがひとつだけありました。シャンプーするときに、水が数滴《すうてき》でも顔にかかると、大泣《おおな》きするのです。

思いあぐねたお母さんは、水に慣《な》れてほしいという思いで、3歳《さい》のときに拓朗《たくろう》を近くのスイミングスクールに通わせることにしました。

スイミングスクールのコーチは拓朗《たくろう》の腕《うで》を見て、

「選手育成《せんしゅいくせい》コースにはあがれませんよ。」

といいましたが、お母さんは、

(選手育成《せんしゅいくせい》コース？　めっそうもない。シャワーができるようになれば、じゆうぶん。）と思いました。

はじめは、いやいや通っていた拓朗《たくろう》ですが、そのうち水に慣《な》れ、みんなといっしょに泳げるようになり、ついには、

（スイミングって、楽しいやん。）

と思いはじめたのです。

それからは、どんどん上達《じょうたつ》していき、小学校に入る前には、クロールだけではなく、平泳《ひらおよ》ぎや背泳《せおよ》ぎもできるようになっていました。

スイミングスクールでは、特《とく》にすぐれていると認《みと》められ、コーチから声がかかると、選手育成《せんしゅいくせい》コースにあがることができます。同じぐらいの友だちは声がかかりましたが、拓朗《たくろう》には声がかかりません。

（ぼくも、じょうずに泳げるのに、なんで声がかからないんだろう？）

そう思った拓朗《たくろう》でしたが、泳ぐことが大好《だいす》きで、ひたすら練習を重ねてい

ました。結果《けっか》、確実《かくじつ》に実力をつけ、まわりにもだんだん認《みと》められていきました。

そして、なんと13歳《さい》（中学1年生）で、アテネパラリンピックに出場を果《は》たしたのです。13歳《さい》という日本選手史上最年少《せんしゅしじょうさいねんしょう》のパラリンピック出場記録《きろく》は、その後、まだだれも破《やぶ》っていません。

アテネのあとは、北京《ペキン》、ロンドン、そしてリオと、パラリンピックに4回連続《れんぞく》出場を果《は》たしました。

この本は、2020年の東京《とうきょう》パラリンピックに向けてさらに躍進《やくしん》する拓朗《たくろう》の、力強い、まっすぐな生き方を追う物語です。

第1章

腕《うで》がなくても、ふつうだよ

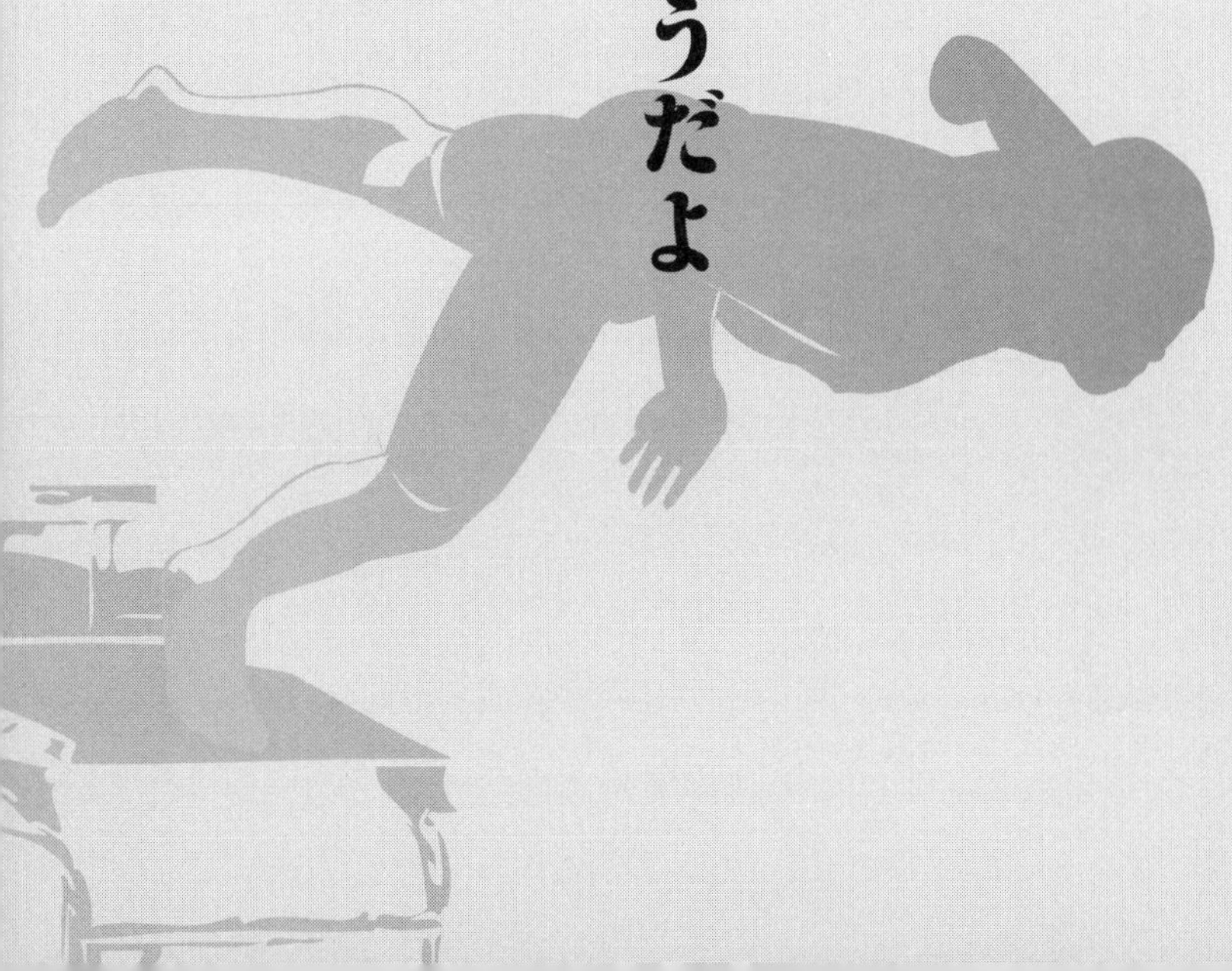

両親の思い

1991年4月12日、拓朗《たくろう》は、兵庫県《ひょうごけん》神戸市《こうべし》で、山田康吉《やまだこうきち》さんと房枝《ふさえ》さん夫妻《ふさい》の長男として生まれました。

赤ちゃんが生まれた瞬間《しゅんかん》、助産師《じょさんし》さんの「あ、手が！」という、あわてたような声を、お母さんは分娩台《ぶんべんだい》※の上で聞きました。

（「手が」って、どうしたんだろう？）

何か異変《いへん》があったのだと思いました。頭のなかをかけめぐったのは、薬害《やくがい》のことです。妊娠初期《にんしんしょき》に飲んだ薬が、胎児《たいじ》の手・足・耳・内臓《ないぞう》などに奇形《きけい》を起こすことが、ごくまれにあるのです。

お母さんは、そういうことがないように、結婚《けっこん》したときからどんな薬も飲みませんでした。結婚《けっこん》したからには、いつ子どもに恵《めぐ》まれるかわからないからです。風邪薬《かぜぐすり》はもちろん、目薬すらさしませんでした。

だから、そんなことはないはずです。

にもかかわらず、生まれてきた赤ちゃんには、左腕《ひだりうで》のひじから先がありませんでした。

（あ……。）

そう思ったのは、一瞬《いっしゅん》のことです。あまりのかわいさに、すぐ、そんなことはどうでもいいと思いました。

（この子は、わたしたちを選《えら》んで生まれてきてくれた。わたしたちなら育てられると、神様《かみさま》が授《さず》けてくださったんだ。）

愛《いと》おしさがこみあげてきました。

お父さんの康吉《こうきち》さんは、

※分娩台《ぶんべんだい》…病院・助産院《じょさんいん》などに設《もう》けられている赤ちゃんを産《う》む台。

(これから先、この子をどう育てたらいいのだろう……。)

という思いが頭のなかをめぐったのですが、それは、生まれたばかりの息子《むすこ》を抱《だ》いた一瞬《いっしゅん》だけでした。

拓朗《たくろう》はよく笑《わら》い、よく動き、よくお乳《ちち》を飲んでくれる育てやすい元気な赤ちゃんでした。

1歳《さい》になったときには、ひじまでの左腕《ひだりうで》もじょうずに使って、自分で靴下《くつした》をはくことができました。

そんな姿《すがた》を見るにつけ、お父さんは、

「息子《むすこ》にとって、これが当たり前なのだ。心配ない。」

と確信《かくしん》しました。

でも、実は、拓朗《たくろう》がまだ小さかったころ、義手《ぎしゅ》をあつらえたことがありま

1歳《さい》。元気に動きまわる拓朗《たくろう》。

乗りものが大《だい》好《す》き。

した。

当時、兵庫《ひょうご》県の県立総合《そうごう》リハビリセンターでベトナムのベトちゃんとドクちゃん※のドクちゃんが義足《ぎそく》をつくり、リハビリを受けていました。

それをニュースで知ったお母さんは、

（義手《ぎしゅ》って、どんなものだろう……？）

と興味《きょうみ》を持ちました。リハビリセンターが、家から近かったこともあって、お母さんは、拓朗《たくろう》を診《み》てもらいに行きました。

義手《ぎしゅ》をつけさせたかったわけではなく、義手《ぎしゅ》をつけることも拓朗《たくろう》の選択《せんたく》のひとつであると思ったからです。

拓朗《たくろう》は、折《お》り紙《がみ》が得意《とくい》で、これまで左手のひじで折《お》り紙《がみ》を押《お》さえながら、

※ベトちゃんとドクちゃん…ベトナムのふたごのベトちゃんとドクちゃんは、体が結合《けつごう》した状態《じょうたい》で生まれてきた。ふたりが切り離《はな》されたあと、兵庫《ひょうご》県立総合《そうごう》リハビリセンターでドクちゃんの義足《ぎそく》がつくられ、リハビリがおこなわれていた。

じょうずに折《お》っていました。でも義手《ぎしゅ》をつけても、同じようにひじで押《お》さえようとするのです。かえって義手《ぎしゅ》はじゃまになりました。

拓朗《たくろう》には、義手《ぎしゅ》は不要《ふよう》だと思って、すぐにつけさせることをやめました。ありのまま育てようという思いを、両親は、ふたたび決心したのでした。

拓朗《たくろう》に弟を

お母さんには、生まれたばかりの拓朗《たくろう》を抱《だ》いたときに決心したことが、もうひとつありました。

(拓朗《たくろう》のよき相談相手となるように、弟を産《う》みたい。)

ということです。

不安《ふあん》はありました。

（もしかしたら、また拓朗《たくろう》のように……。）

そんな気持ちを神戸《こうべ》市にある益子《ますこ》産婦人科《さんふじんか》の院長先生に伝えると、先生は大らかにいいました。

「宝《たから》くじは、２回も当たらへん。安心なさい。」

１９９２年12月９日。弟が生まれました。

年子《としご》の弟・眞崇《まさたか》と拓朗《たくろう》は、ふたごのように育ちました。遊ぶときはもちろん、しかられるときも、ほめられるときも、ふたりは、いつもいっしょです。

（まあくんといっしょだと、なんでも楽しい。）

拓朗《たくろう》は、そう思っていました。

眞崇《まさたか》も３歳《さい》からスイミングをはじめたので、仲よくいっしょにスイミングに通いました。

おそろいのオーバーオールを着て。

なんでもわかりあえ、話が合い、競《きそ》いあい、はげましあい、高めあうことができる兄弟が、いつもそばにいるというのは、心強いことでした。

小、中学校はもちろん、高校も同じ、大学も同じで、しかもいつも同じ水泳部に所属《しょぞく》。おたがいのことがよくわかりました。

大人《おとな》になった今も、拓朗《たくろう》と眞崇《まさたか》は、公私《こうし》ともに、おたがいを理解《りかい》しあえる相手です。

いつも仲《なか》よしの拓朗《たくろう》と眞崇《まさたか》。

きっかけはシャンプー嫌《ぎら》いから

プロローグにも書いたように、幼《おさな》いころの拓朗《たくろう》は、水に対して異常《いじょう》なほど神経質《しんけいしつ》で、シャンプーをするときには、泣《な》きわめきました。お母さんは拓朗《たくろう》を横抱《よこだ》きにして、顔にタオルをかけ、慎重《しんちょう》に洗《あら》うのですが、毎回、「かかった」「かかっていない」で大さわぎです。

お母さんは、

「この子は、えらい癇性病《かんしょうや》み※やなあ。」

と困《こま》っていました。

1歳《さい》しか違《ちが》わない弟もいるので、ふたりをお風呂《ふろ》に入れるだけでつかれてしまいます。

思いあぐねたお母さんは、水に慣《な》れてほしいという思いで、拓朗《たくろう》を近くのスイミングスクールに通わせることにしました。

（でも、たった数滴《すうてき》の水が顔にはねるだけでも大泣《おおな》きなのに、プールになじめるのかな……。）

体験中《たいけんちゅう》の拓朗《たくろう》のようすを、お母さんは不安《ふあん》な思いで見まもりました。

案《あん》の定《じょう》、拓朗《たくろう》は、浅《あさ》いプールにしずめた長いすの上をただ歩くだけなのに、おどおどしていて、ほかの子が3周《しゅう》まわる間に、やっと1周《しゅう》まわるといった感じでした。

お母さんは、「ま、そんなもんやろ。」と、苦笑《にがわら》いしながらながめていました。

3歳《さい》だった拓朗《たくろう》は、お母さんに引っぱられるようにスイミングに通いはじめた。

※癇性病み《かんしょうや》…関西《かんさい》のことばで神経質《しんけいしつ》な性格《せいかく》をいう。

めました。

水にもどうにか慣《な》れて、泳ぎ方を習いはじめると、少しずつおもしろくなってきました。練習に行くたびに、だんだんじょうずに泳げるようになるのが、自分でもわかります。

（スイミング、大好《だいす》き！）

拓朗《たくろう》がそう思ったひとつには、スイミングスクールには、泳力の検定《けんてい》があって、合格《ごうかく》すれば、ワッペンがもらえます。拓朗《たくろう》は、ワッペンをだれよりも早く、たくさんもらいたくてがんばりました。

持《も》ち前《まえ》の運動神経《しんけい》のよさと、負けん気の強さ、先へ進みたいという気持ちが成果《せいか》としてあらわれ、幼稚園《ようちえん》を卒園《そつえん》するときには、クロール、平泳《ひらおよ》ぎ、背《せ》泳《およ》ぎ、バタフライの４泳法《えいほう》ができるようになっていました。

スイミングスクールには、大会出場をめざす「選手《せんしゅ》コース」というものがあります。友だちは、次つぎと選手《せんしゅ》コースにあがっていくのですが、同じくらい泳げる拓朗《たくろう》には声がかかりません。ハンディのある左腕《ひだりうで》がその理由です。

お母さんは入会時にそのことを聞かされていたので納得《なっとく》していましたが、拓朗《たくろう》は、

（ぼくもじょうずに泳げているのに、なんでだろう。）

と思っていました。

それでも、泳ぐことは楽しいし、弟もスイミングをはじめたので、いっしょに通うことがうれしくて、ますます水泳にのめりこんでいきました。

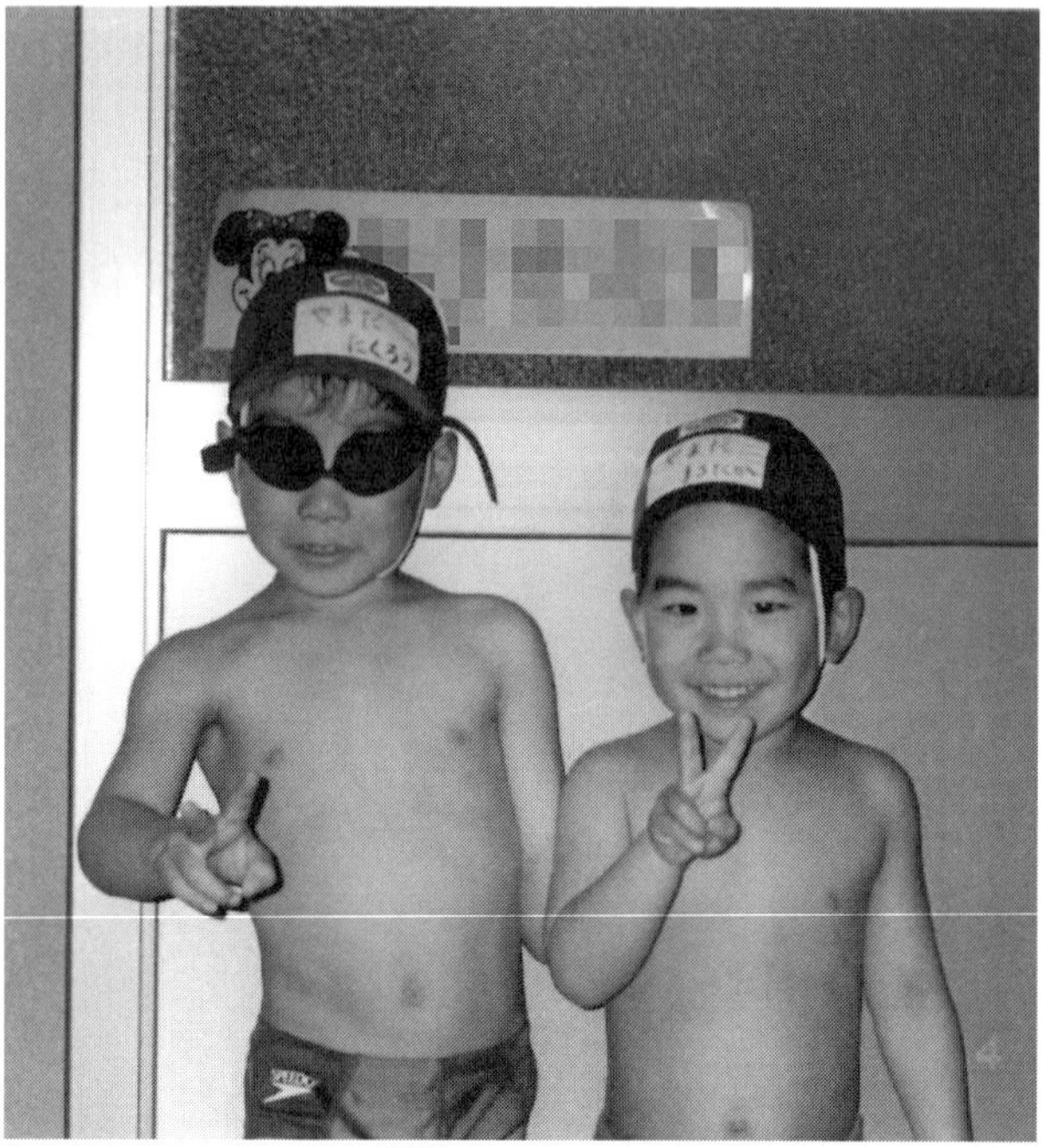

スイミングでも、弟の眞崇《まさたか》といっしょ。

拓朗《たくろう》5歳《さい》。幼稚園《ようちえん》の入園式。

はじめてのスキー。ストックは右手だけで持ち、じょうずにすべった。

近所のお友だちと３人で、はい、ポーズ！

端午《たんご》の節句《せっく》に。眞崇《まさたか》3歳《さい》、拓朗《たくろう》5歳《さい》。

第2章

1年生からひもシューズ

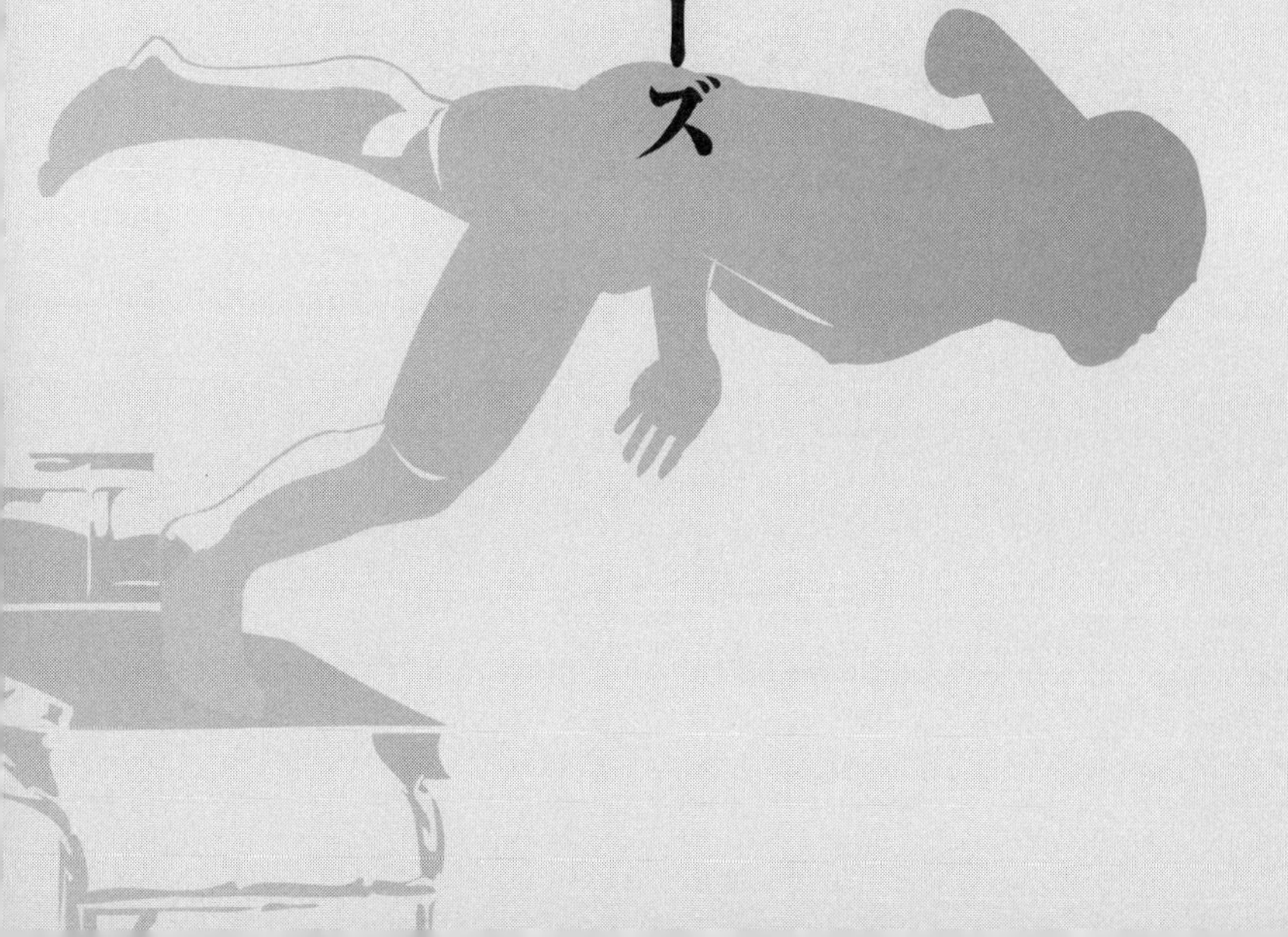

やってできないことはない

小学校に入学したばかりのころ、友だちはみんなマジックテープの運動靴《うんどうぐつ》をはいていました。でも、拓朗《たくろう》はひもシューズです。自分で、しっかりひもが結《むす》べるのです。左腕《ひだりうで》でひもを押《お》さえ、右手の指だけで器用《きよう》に結《むす》びます。

ひもシューズは、1年生にとってあこがれでした。

「たっくん、かっこええやん。」

クラスメイトたちは、ひとり、ふたりと拓朗《たくろう》のまねをしてひもシューズにかえはじめました。でも、彼《かれ》らは、まだひもがじょうずに結《むす》べません。

先生がようすを見ていると、なんと、拓朗《たくろう》がかがんで友だちの靴《くつ》ひもを結《むす》んでいるではありませんか。先生は思わず、

「あべこべやんか。」

とっこんでしまいました。

お母さんは、拓朗《たくろう》に、

「何でもできる。やってできないことはない。」

といって育ててきました。拓朗《たくろう》も、

「手にハンディがあるからできないんやろ。」

といわれたくなかったので、どんなことでも、

「たっくんがする。」

「たっくんにさせて。」

といって挑戦《ちょうせん》します。そして小さいときからワイシャツにアイロンをかけたり、ボタンをつけたりしていました。

拓朗《たくろう》は、1年生でとびばこが6段《だん》とべました。もちろん片手《かたて》とびです。

補助輪《ほじょりん》なしの自転車に乗れたのは、４歳《さい》のとき。

なわとびの2重とびは、連続《れんぞく》3回クリア。

体を動かすことが大好《だいす》きな拓朗《たくろう》は、幼稚園《ようちえん》のころからサッカークラブにも入っていました。そのサッカークラブは、地元では強くて有名なチームだったのですが、1年生になるころには、水泳1本にしぼることにしました。水泳のように、ひとりで集中してとり組む方が向いていたからです。サッカーは、おたがいの体がぶつかったりして痛《いた》いので、好《す》きにはなれませんでした。

明石《あかし》先生との出会い

1年生のときの担任《たんにん》の明石利子《あかしとしこ》先生は、ある日、お母さんに、こんなアドバイスをしてくれました。

「できないことがあってもいいのよ。拓朗《たくろう》くんが、がんばりすぎてストレスを感じないように育ててあげてね。」

お母さんは先生のことばで、拓朗《たくろう》が生まれて以来《いらい》、知らず知らずのうちに肩《かた》に背負《せお》っていた重いものが、ふっと軽くなった気がしました。

明石《あかし》先生はおもしろい先生で、クラスの子が、「ティッシュ。」と先生にいうと、

「わたしは、ティッシュという名前ではありません。明石利子《あかしとしこ》といいます。ティッシュペーパーがほしいのなら、先生、ティッシュペーパーをくださいと、ちゃんと、いいましょう。」

と、勉強だけではなく、礼儀《れいぎ》や人として身につけるべき常識《じょうしき》を教えてくれました。

1年生の3学期の拓朗《たくろう》の通知表に、明石《あかし》先生はこう書きました。

友だちと過《す》ごす休み時間が待ちどおしいほどの元気者です。ドッジボールのときの身のこなしはたくみで、チームの頼《たの》もしい存在《そんざい》です。友だちに腹《はら》を立ててもぐっとがまんし、冷静《れいせい》になる姿《すがた》に、1年間の成長《せいちょう》を感じます。

近所の公園で、キャッチボール。右手だけでじょうずにキャッチ。

2年生も明石《あかし》先生が担任《たんにん》だったのですが、2学期になって、拓朗《たくろう》は転校することになりました。

というのは、1995年の1月、一家の住んでいた神戸市《こうべし》で大震災《だいしんさい》が発生したからです(阪神淡路大震災《はんしんあわじだいしんさい》)。その大震災《だいしんさい》で、拓朗《たくろう》のお父さんの勤《つと》めている会社の建物《たてもの》がこわれてしまい、会社が神戸《こうべ》市のとなりの三田《さんだ》市に移転《いてん》しました。

お父さんは、最初《さいしょ》のうちは神戸《こうべ》市内から通勤《つうきん》していたのですが、時間もかかるし、帰りが遅《おそ》くなり体もつかれるので、会社のある三田《さんだ》市に家を建《た》てたのです。

クラスでのお別れ会のあと、明石《あかし》先生は拓朗《たくろう》を校門まで送ってくれました。

拓朗《たくろう》はしばらく行ってからふり返り、

「先生、ありがとうございました。」

と、ていねいに頭をさげました。

お母さんは、あとでこのことを先生から聞いて、おどろきました。親が、「先生に感謝《かんしゃ》を伝えてくるのよ。」と教えたわけではなかったからです。ちゃんとあいさつができる子に、先生が育ててくださったのだと思いました。

（拓朗《たくろう》は、人との出会いに恵《めぐ》まれているな。）

お母さんは、拓朗《たくろう》がその後、パラリンピックの選手《せんしゅ》として活躍《かつやく》できるようになったのも、そのときどきで、いい出会いがあったからこそだと感じてきました。

はじめてのいい出会いが、明石《あかし》先生でした。

転校先で

三田《さんだ》市の新しい学校では、拓朗《たくろう》が転校する前に、校長先生が朝礼で、拓朗《たくろう》の腕《うで》のことを話してくれていました。友だちがからかったりしないようにという校長先生の心くばりです。それなのに、クラスメイトのなかには、話をよく聞いていなかったのか、拓朗《たくろう》の腕《うで》を見て、

「どうしたん？　その手？」

と聞いてくる子もいました。そんなとき拓朗《たくろう》は、

「手のことなんかどうでもええやん。それより、はよ遊ぼや。」

と、だれよりも先に、ボールをけりに運動場に飛《と》んでいきました。

運動神経《しんけい》がとてもいい拓朗《たくろう》は、すぐにみんなからいちもく置《お》かれるようになりました。左腕《ひだりうで》のことでからかわれなかったのは、拓朗《たくろう》自身が左腕《ひだりうで》のこと

をネガティブに考えていなかったからです。

靴《くつ》ひもを結《むす》ぶときと同じように、ぞうきんをしぼるときも、ぞうきんを蛇《じゃ》口《ぐち》にひっかけてねじるやり方を自分であみ出しました。リコーダーも、片手《かたて》用《よう》をとりよせてもらって、完璧《かんぺき》に演奏《えんそう》しました。

左腕《ひだりうで》をハンディだと感じることは、ほとんどなく、給食《きゅうしょく》当番や掃除《そうじ》当番など、学校でするべきことは、みんなと同じようにしていました。

新しい学校で、担任《たんにん》の先生が通知表に書いたコメントです。


転入して1か月にもかかわらず、たくさんの友だちができました。何でも意欲的《いよくてき》にとり組み、とくに算数のかけ算では、たくさん発表できました。体育のボール遊びでは、遠くまでボールを投げたり、ゲームの作戦《さくせん》をじっくり考えました。3学期が楽しみです。

ボールをけるのも得意《とくい》だった。

引《ひ》っ越《こ》したことで、これまで通っていたスイミングスクールが遠くなったので、拓朗《たくろう》たち兄弟は、三田《さんだ》市にある別のスイミングクラブ「ピープル（現《げん》在《ざい》のコナミ）」に、通うことになりました。

お母さんが拓朗《たくろう》に、週3回通うことをすすめたのは、お母さんの心のなかに、

（この子はもっと伸《の》びるはず。）

という思いがあったからです。

あわせて、神戸《こうべ》にある「楽泳会《らくえいかい》」という障《しょう》がい者《しゃ》の水泳チームにも、週1回、通うことになりました。楽泳会《らくえいかい》は、全国大会や国際《こくさい》大会で活躍《かつやく》している選手《せんしゅ》が何人もいるので、きっとプラスになるはずです。

お母さんの考えは、当たりました。拓朗《たくろう》はますます力がついて、ピープルでおこなわれた競技《きょうぎ》大会で最優秀賞《さいゆうしゅうしょう》を受賞《じゅしょう》し、結果《けっか》、選手《せんしゅ》コースに昇級《しょうきゅう》する

ことができました。ピープルでは、選手《せんしゅ》コースにあがるのに、左腕《ひだりうで》のことはまったく問題になりませんでした。

ところがです。せっかく選手《せんしゅ》コースにあがったというのに、拓朗《たくろう》は気分屋で、がんばるときはがんばるのですが、気分が乗らないときは練習に身が入らず、コーチからよくしかられました。

2時間の練習時間のうち、1時間以上説教《いじょうせっきょう》されていたこともありました。

その日も、気乗りがしなくてだらだらと泳いでいた拓朗《たくろう》は、コーチから、

「やる気が出ないなら、今日は帰れ！」

と怒鳴《どな》られてしまいました。すると拓朗《たくろう》は、さっさとプールからあがって、そのまま帰ってしまったのです。

みんな、あっけにとられて見ていました。ほかの子たちはコーチが怖《こわ》くて、そんなことはとてもできないのですが、拓朗《たくろう》は、それができました。

決してふくれて帰ってしまったわけではないので、次の日には、ちゃんと練習にやってきます。そしてコーチに、

「昨日《きのう》は、とちゅうで帰ってしまって、すみませんでした。」

と、けろっとした顔で、あやまるのです。

これには、コーチも苦笑《にがわら》いするしかありません。コーチは、拓朗《たくろう》の優《すぐ》れた素質《そしつ》を認《みと》めてくれましたが、腕《うで》にハンディがあることで拓朗《たくろう》を特別《とくべつ》扱《あつか》いすることはありませんでした。

自分で工夫《くふう》して、息つぎのときに顔を左から右に変《か》えてみたり、右手で水のかき方を工夫《くふう》したり、足のけり方をいろいろ変《か》えてみたりしました。

何よりも、拓朗《たくろう》は水にたいするセンスが抜群《ばつぐん》で、数年のうちにみるみると、記録《きろく》を伸《の》ばしていきました。

無理《むり》だと思ってもためしてみる

転校先の学校にもすっかりなじみ、運動会では選抜《せんばつ》リレーの花形《はながた》として、毎年スポットライトを浴《あ》びていました。

さまざまな水泳大会で優勝《ゆうしょう》して、たびたび新聞にものったので、ますますみんなから「すごい！」と評価《ひょうか》されていきました。

小学生時代の自分をふり返ってみて、成人《せいじん》した拓朗《たくろう》は、こういいました。

「勉強でも水泳でも、ぼくは抜《ぬ》きん出ていて、すぐうしろから追いかけてくる子はいませんでした。まわりがちやほやしてくれて、あのころのぼくは、今思うと、特別《とくべつ》な存在《そんざい》だったのかもしれません。」

拓朗《たくろう》は、いつも前向きで、ひょうきんな子どもだったと、お母さんはいいます。

ある日、学校から帰ってきた拓朗《たくろう》が、

「おれ、あやとりでホウキができる。」

といいだしました。

（それはできひんやろ。）

と思いつつお母さんが見ていると、それらしいものをテーブルの上でつくり、右手の指にはめて、「ほら。」と得意《とくい》そうに見せました。

「それはインチキや。あやとりとはいわへん。」

お母さんがきっぱりいうと、拓朗《たくろう》は、涼《すず》しい顔でこういいました。

「しょうがないやろ。おれ、左手がないんやから、あやとりなんか、もともと無理《むり》やし。まあ、こんなもんやろ。」

無理《むり》だとわかっていても、自分なりにためしてみる、そんな積《つ》み重《かさ》ねの毎日でした。

仲よしの友だちと。ふたりとも動物が大好《だいす》き。

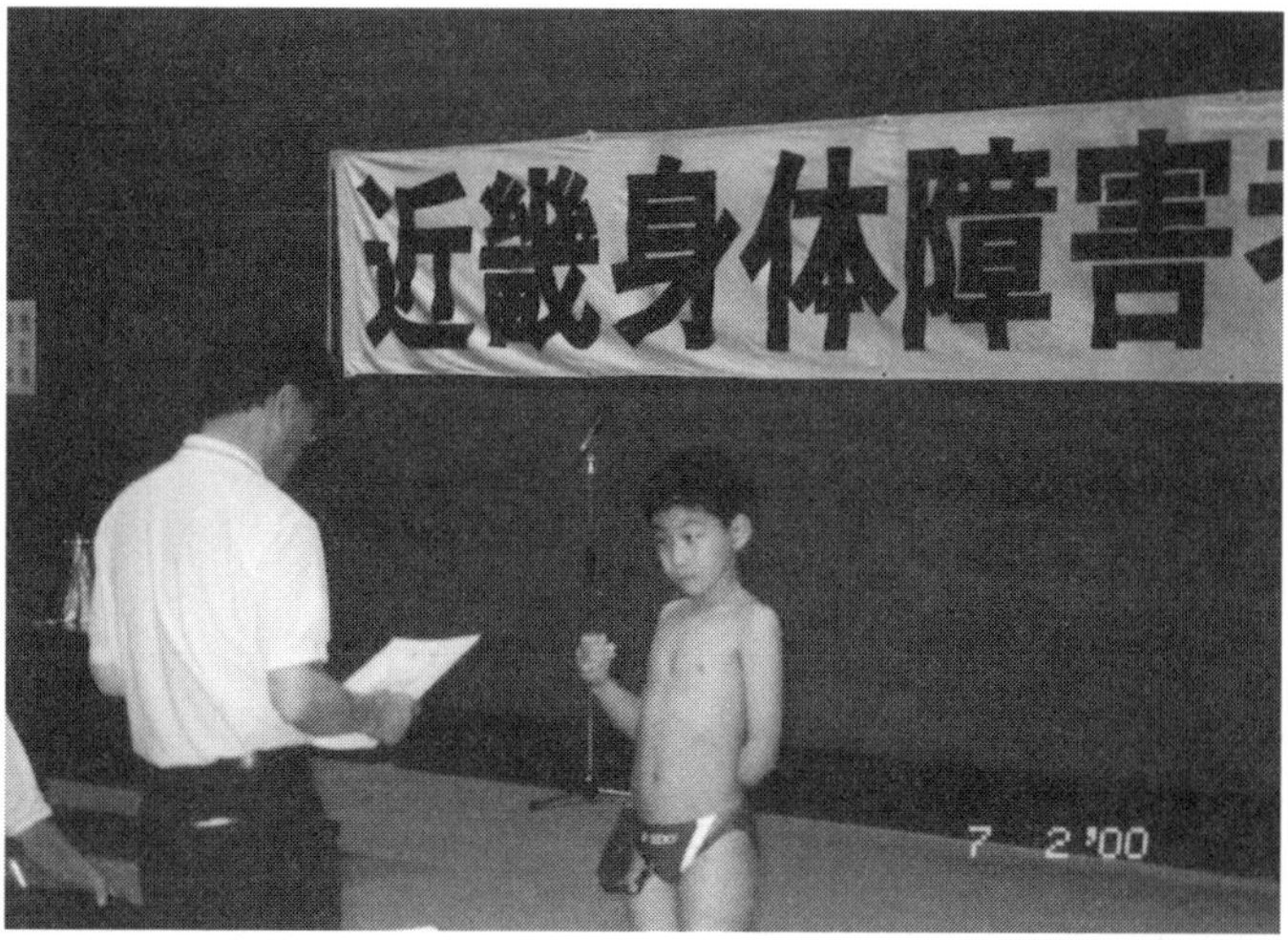

水泳大会で表彰《ひょうしょう》されて。

拓朗《たくろう》は幼《おさな》いころ、よくお母さんにこんな手紙を書いていた。

第3章

アテネパラリンピックへの道

はじめて知ったパラリンピックの存在《そんざい》

２０００年、拓朗《たくろう》が小学3年生のときに、オーストラリアのシドニーでパラリンピックが開催《かいさい》されました。そのとき、「楽泳会《らくえいかい》」の先輩《せんぱい》が、代表選手《せんしゅ》に選《えら》ばれて参加《さんか》しました。視覚障《しかくしょう》がいクラスの酒井喜和選手《さかいよしかずせんしゅ》です。

拓朗《たくろう》は、このときはじめて、オリンピックのほかに、体に障《しょう》がいなどのハンディのある人が出場する世界的《せかいてき》な競技《きょうぎ》大会・パラリンピックがあることを知りました。

世界的《せかいてき》な大会で、いつもいっしょに泳いでいる先輩《せんぱい》が代表になった。それだけでもおどろきだったのに、先輩《せんぱい》は、なんとその大会で金メダルをとったのです。

（すごい！）

帰国後、先輩《せんぱい》は、いろいろな取材《しゅざい》を受けながら、スポットライトを浴《あ》びています。胸《むね》にかけている金メダルが光っていました。まわりの人たちは、先《せん》輩《ぱい》の話でもちきりです。

（ぼくも、その大会に出て、メダルがとりたい。）

拓朗《たくろう》は、強く思いました。

よく聞いてみると、パラリンピックは4年ごとに開催《かいさい》されるというではありませんか。

（パラリンピックに出るぞ！）

そのころ、拓朗《たくろう》の練習は週5日、毎日5000から8000メートル泳いでいました。つまり、25メートルプールでいえば、1か月で、2000往復《おうふく》から3200往復《おうふく》していたのです。

具体的《ぐたいてき》な目標《もくひょう》ができたので、練習にも力が入り、拓朗《たくろう》の努力《どりょく》はみるみる実を結《むす》びはじめました。

小学6年生になった2003年の夏、拓朗《たくろう》は泳力を認《みと》められ、パラ水泳の国内最高峰《さいこうほう》である「ジャパンパラ競技大会《きょうぎ》」に出場できることになりました。これは画期的《かっきてき》なできごとでした。というのも、当時、この大会には、大人《おとな》しか出場できなかったからです。拓朗《たくろう》は特例《とくれい》として、最年少《さいねんしょう》の参加《さんか》でした。

成績《せいせき》は、なんと、4種目《しゅもく》中3種目《しゅもく》で優勝《ゆうしょう》。2種目《しゅもく》で大会新記録《しんきろく》を樹立《じゅりつ》しました。

そして同じ年、香港《ホンコン》で開催《かいさい》された障《しょう》がい者《しゃ》の国際競技会《こくさいきょうぎかい》「第1回フェスピックユース大会」に出場。出場した3種目《しゅもく》のうち、金メダルが2個《こ》、銀メダルが1個《こ》という、輝《かがや》かしい成績《せいせき》でした。

そして2004年におこなわれた春季記録会《しゅんききろくかい》をへて、拓朗《たくろう》はついに、この年にギリシャでおこなわれるアテネパラリンピックの日本代表に選《えら》ばれたのです。

「この若《わか》さで、すごい！」

と関係者《かんけいしゃ》をおどろかせました。

小学6年生で「第1回フェスピックユース大会」に出場したころの拓朗《たくろう》。

13歳《さい》でアテネパラリンピック

拓朗《たくろう》は6年生の卒業《そつぎょう》文集に、「夢《ゆめ》に向かって」と題してこう書いていました。

ぼくは、今、水泳をしています。ぼくの夢《ゆめ》は、2008年の北京《ペキン》パラリンピックでメダルをとることです。その夢《ゆめ》を達成《たっせい》するためには、コーチや両親、そのほかの、ぼくを応援《おうえん》してくれるみんなと協力《きょうりょく》し、自分自身も努力《どりょく》をすることが大切だと考えています。この学校で学んだ「協力《きょうりょく》」をいかし、がんばっていきたいです。

中学の入学式。両親と。

拓朗《たくろう》は、卒業文集《そつぎょう》で書いた北京《ペキン》パラリンピックより、4年早いアテネパラリンピックに、日本選手史上最年少《せんしゅしじょうさいねんしょう》の13歳《さい》（中学1年生）で、出場することになったのです。背《せ》は高かったとはいえ、体はまだ細かったのですが、参加《さんか》標準記録《ひょうじゅんきろく》を上まわる泳力だと評価《ひょうか》されたのです。

拓朗《たくろう》は、パラリンピックがどういう場なのか、よくわからないまま、

（実力を発揮《はっき》しよう。）

と、決心しました。

パラリンピックの競泳《きょうえい》で、肢体不自由《したいふじゆう》の選手《せんしゅ》は、障《しょう》がいの重い順《じゅん》に、S《エス》1からS《エス》10までの10段階《だんかい》にクラス分けされています（平泳《ひらおよ》ぎのみ9段階《だんかい》）。そしてそれぞれのクラスごとに競《きそ》います。

生まれつき左ひじから先がない拓朗《たくろう》の障《しょう》がいは、程度《ていど》が軽いとみなされ、自由形《じゆうがた》、背泳《せおよ》ぎ、バタフライはS《エス》9クラスです。

いよいよ大会当日です。

今まで体験《たいけん》したことがない観客数《かんきゃくすう》の多さ、雰囲気《ふんいき》の違《ちが》い、外国人選手《せんしゅ》との体の大きさの違《ちが》い、選手《せんしゅ》たちの気迫《きはく》、通じないことば……。そんな緊張《きんちょう》から、飛《と》び込《こ》み台《だい》で足が震《ふる》えている選手《せんしゅ》もいるのですが、13歳《さい》の拓朗《たくろう》には、まわりを気にする余裕《よゆう》は、ほとんどありません。

集中して、力の限《かぎ》り泳いだ結果《けっか》、50メートルの自由形《じゆうがた》で10位《い》、４００メートル自由形《じゆうがた》で9位《い》でした。

リレーにも参加《さんか》しましたが、同じように決勝《けっしょう》には残《のこ》れませんでした。

パラリンピックには、体にさまざまなハンディのある選手《せんしゅ》が世界中から集まって来ます。障《しょう》がいのある部位《ぶい》や程度《ていど》が違《ちが》えば、泳ぎ方も異《こと》なります。選《せん》手《しゅ》たちは、自分にとって、一番いいフォームを研究して、泳いでいました。

そんな世界中の選手《せんしゅ》たちの努力《どりょく》する姿《すがた》を見て、拓朗《たくろう》は、

（ぼくも、もっとがんばりたい。工夫《くふう》すれば、まだまだ速く泳げる。）

と、がぜん、やる気がわいてきました。

はじめてのパラリンピックで、拓朗《たくろう》は、多くの刺激《しげき》を受けたのです。


帰国後、拓朗《たくろう》がパラリンピックに出場したことで、スイミングスクールのコーチも、これまで以上《いじょう》にトレーニングに力を入れてくれました。拓朗《たくろう》自身、

（もっと速く泳げるようにがんばろう。）

と、いう気持ちはじゅうぶんありました。

しかし、どういうわけか、拓朗《たくろう》は練習に力が入らなくなってしまいました。

アテネパラリンピックであまりにも刺激的《しげきてき》な世界を経験《けいけん》したことで、平凡《へいぼん》な

日常《にちじょう》に物足《ものた》りなさを感じていたのです。

燃《も》えつき症候群《しょうこうぐん》

精力的《せいりょくてき》にも肉体的《にくたいてき》にも一生懸命《いっしょうけんめい》がんばっていた人が、あるとき、突然《とつぜん》むなしくなってしまったり、やる気を失《うしな》ってしまうことがあります。燃《も》えつき症《しょう》候群《こうぐん》というのですが、拓朗《たくろう》は、まさに、そんな状態《じょうたい》でした。

拓朗《たくろう》のいいかげんな泳ぎ方を見ていたコーチは、

「やる気がないなら休め。」

と強くいいました。

コーチは、少し休めば、泳ぎたくてたまらなくなるだろうと思ったのです。

拓朗《たくろう》自身もそうなるだろうと思い、素直《すなお》に休むことにしました。

これまでは、中学校の授業《じゅぎょう》が終わると、急いで帰宅《きたく》して、すぐスイミングスクールで泳ぐという毎日でした。なので、泳がない日々《ひび》が続《つづ》くと、しっくりこない感覚《かんかく》がありました。

でも、1か月間休んでも、ちっとも泳ぎたくならないのです。

というのも、練習で楽しいことは何もありません。水のなかでの練習は、とても地味《じみ》です。景色《けしき》も変わらないし、音も聞こえない、息を止めているので苦しくもあります。辛《つら》いことばかりの練習に戻《もど》る気にはなれません。

（いつになったら泳ぎたくなるのだろう。もしかしたら、ならないかも……。）

そう思うと、不安《ふあん》になってきました。

でもその不安《ふあん》より大きかったのは、

（もし、このままやめてしまったら、今までやってきた時間や努力《どりょく》がもったいない。）

という思いでした。もったいない……。

（もったいない。そうや、もったいないやん。）

こう思ったとたん、気持ちが切りかわりました。

（もうそろそろ戻《もど》らないとマズい。戻《もど》ろう。）

練習を再開《さいかい》しはじめると意外なことに、休んでいたブランクを感じること

なく、拓朗《たくろう》はすんなり練習に戻《もど》ることができました。

2006年、中学3年生のときには、世界ランキング3位《い》になりました。

めざすは、2008年の北京《ペキン》パラリンピックです。一方《いっぽう》で、拓朗《たくろう》は高校受《じゅ》

験《けん》を控《ひか》えていて、そのための勉強をしなければなりませんでした。ただ、水

泳の練習は調子がいい状態《じょうたい》が続《つづ》いているので、休みたくありません。

学校の授業《じゅぎょう》と水泳の練習で、くたくたの日々《ひび》を過《す》ごしていました。そんななかで、塾《じゅく》に行けるのは週に1回がやっとです。

拓朗《たくろう》のがんばりを知っている塾《じゅく》の大井浩《おおいひろし》先生は、希望《きぼう》の高校に合格《ごうかく》させてやりたいと思い、対策《たいさく》を考えてくれました。

ファックス塾《じゅく》です。

先生からファックスで送られてくる問題を、指示《しじ》通り、拓朗《たくろう》は必死《ひっし》で解《と》きました。

（先生の思いに応《こた》えたい……。）

先生と拓朗《たくろう》のがんばりがあって、みごと、希望《きぼう》通り、兵庫《ひょうご》県の名門・北摂《ほくせつ》三田《さんだ》高校へ入学することができました。

第4章

はじめての挫《ざ》折《せつ》

北京《ペキン》パラリンピックでの敗北感《はいぼくかん》

高校では、水泳部に所属《しょぞく》しながらも、スイミングスクールでも毎日練習です。

下校後《げこうご》、友だちと遊ぶ……という時間はまずありません。遠征《えんせい》のときは学校を休むことはあっても、練習を休むことはなく、水泳中心の毎日でした。

高校2年（17歳《さい》）で出場した北京《ペキン》パラリンピックでは、「メダルがとれる。」とまわりからいわれていて、拓朗《たくろう》自身もとれると感じていました。

結果《けっか》、100メートル自由形《じゆうがた》で5位《い》と健闘《けんとう》しましたが、念願《ねんがん》のメダルにとどきませんでした。

3位《い》とは、わずか0・49秒の差《さ》。

（メダルをとれるチャンスだったのに……。）

悔《く》やまれてなりませんでした。

原因《げんいん》のひとつは、北京《ペキン》に行く前の年に、練習のし過《す》ぎで右肩《みぎかた》を痛《いた》めてしまったことにあります。

肩《かた》を痛《いた》めた理由は、はっきりしています。

パラリンピックの水泳選手《せんしゅ》の障《しょう》がいは、部位《ぶい》も程度《ていど》も違《ちが》うので、決まった泳ぎ方はありません。この人のこの障《しょう》がいなら、こういうフォームで泳げば、体に負担《ふたん》がかからないのではと、コーチも選手《せんしゅ》も探《さぐ》りながら、選手《せんしゅ》独自《どくじ》のフォームをつくっていくのです。

拓朗《たくろう》は、「練習すればするほど記録《きろく》が伸《の》ばせる。」と、健常《けんじょう》の水泳選手《せんしゅ》と同じメニューで、がむしゃらに練習しました。

高校時代。高校では、北京《ペキン》パラリンピックに向けて、水泳部に所属《しょぞく》しながらも、毎日スイミングスクールに通った。

その結果《けっか》、右肩《みぎかた》に負担《ふたん》がかかり、とうとう動かなくなってしまったのです。肩《かた》の痛《いた》みが治《なお》るまで泳ぐことができなくなりました。

その間、北京《ペキン》パラリンピックに向けて、何ができるだろうと話し合い、陸《りく》でのトレーニングをしていました。

アテネパラリンピックのときはまだ13歳《さい》で、パラリンピックのすごさもわからないまま出場したのですが、高校生で迎《むか》えた北京《ペキン》パラリンピックでは、メダルをとることをイメージして、懸命《けんめい》にめざしてきたのです。

小学校の卒業《そつぎょう》文集に、「北京《ペキン》パラリンピックで、メダルをとる」と書いたことが、頭をかすめました。

たしかに、肩《かた》は痛《いた》めていました。しかし、そのことがマイナスにならないようにと、死ぬ思いで努力《どりょく》を重ねてきたので、当日は、完璧《かんぺき》な状態《じょうたい》で試合《しあい》に臨《のぞ》みました。

結果《けっか》、自己《じこ》ベストを更新《こうしん》。最高《さいこう》のパフォーマンスを発揮《はっき》できたと自信《じしん》がありました。にもかかわらず、メダルにとどかない……。

（どういうことなんだろう……。）

絶望感《ぜつぼうかん》が押《お》し寄《よ》せて来ました。

水泳をはじめて以来《いらい》、拓朗《たくろう》は、はじめて大きな挫折《ざせつ》を感じていました。

（肩《かた》を痛《いた》めたことが原因《げんいん》のひとつなら、ぼくの場合、これまでのように、がむしゃらに泳ぐやり方で

北京《ペキン》パラリンピックのときに、紫禁城《しきんじょう》の前で。

は、だめなのかもしれない。）

肩《かた》を痛《いた》めたことがきっかけになって、自分の泳ぎのフォームを考え直し、練習方法《ほうほう》を工夫《くふう》し、改善《かいぜん》することが大切だと、拓朗《たくろう》は感じていました。

大学を選《えら》ぶ方法《ほうほう》

拓朗《たくろう》の通っていた高校は進学校でした。授業《じゅぎょう》のスピードが速く、ついていくには必死《ひっし》に勉強しなくてはなりません。しかし、水泳の遠征《えんせい》で、たびたび休むことがあり、遠征《えんせい》から戻《もど》ると授業《じゅぎょう》の内容がまったくわからないときもありました。

高校2年生になると、だれもが、この先の進路を考えはじめます。

4年後のロンドンパラリンピックをめざしたいと思っていた拓朗《たくろう》は、水泳

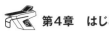

の環境《かんきょう》が整った大学に進みたいと、強く願《ねが》うようになりました。大学で新たな指導《しどう》を受けながら自分の泳ぎを追究《ついきゅう》していけば、もっと速くなれるはずだと思うからです。

そこで、めざす大学や、入学の方法についていろいろ調べはじめることにしました。水泳が強く、設備《せつび》が整っていて、自分にとってベストな練習ができる大学を探《さが》していると、関東《かんとう》方面に希望《きぼう》がかなう大学がいくつか見つかりました。希望《きぼう》の大学に入るには、どうすればいいのでしょう……。

大学に入る方法《ほうほう》は、①センター試験《しけん》を受ける、②推薦入試《すいせんにゅうし》、③AO入試《エーオーにゅうし》、の3つがありました。

AO入試《エーオーにゅうし》というのは、アドミッションズ・オフィス入試《にゅうし》といって、自分で門《もん》をたたく方法《ほうほう》です。つまり、大学側《がわ》が「こういう人物こそ、うちの大学で学んでもらいたい」と思う人を論作文《ろんさくぶん》と面接《めんせつ》で選《えら》ぶ方法《ほうほう》です。受験者《じゅけんしゃ》は、熱い思いを伝えるのです。

伝えたい思いがある拓朗《たくろう》にとっては、願《ねが》ってもない方法《ほうほう》です。拓朗《たくろう》は、A《エー》O《オー》入試《にゅうし》がある、茨城《いばらき》県の筑波《つくば》大学をめざすことにしました。

筑波《つくば》大学の水泳部は、日本のなかでも設備《せつび》がよく、優《すぐ》れたコーチがいて、日本代表に選《えら》ばれる優秀《ゆうしゅう》な選手《せんしゅ》をたくさん送り出しています。パラリンピックで上位入賞《じょういにゅうしょう》をめざしている自分の思いを理解《りかい》してもらえるに違《ちが》いありません。

論作文《ろんさくぶん》には、

・今まで自分が努力《どりょく》してきたこと
・大学に入ってやりたいこと

・健常《けんじょう》スイマーと障《しょう》がいのあるスイマーとの交流がもたらすもの
・障《しょう》がいのあるアスリートとして後進のためにデータを残《のこ》したいこと
・どういう生き方をしたいか
・卒業《そつぎょう》してからどのように活躍《かつやく》したいか
など、自分の思いを書きました。
面接《めんせつ》でも、聞かれたことを、ことばを選《えら》んでしっかり答えました。
熱い思いが通じ、2010年、拓朗《たくろう》は、筑波《つくば》大学に合格《ごうかく》します。

第5章

大学の水泳部

日本のトップ選手《せんしゅ》と同じプログラムで

2010年4月。拓朗《たくろう》は大学進学とともに、茨城《いばらき》県つくば市でひとり暮《ぐ》らしをはじめました。

念願《ねんがん》の水泳部に入り、選手《せんしゅ》として練習をする毎日です。筑波《つくば》大学の水泳部にハンディのある学生が入るのは、はじめてのことでした。コーチは、拓朗《たくろう》の泳ぎを見ながら指導法《しどうほう》を模索《もさく》していました。

「フォームが美しい。スピードもトップ選手《せんしゅ》とくらべてみて、負けていない。キック力もずばぬけている。」

泳ぐ力も、泳ぐ姿《すがた》も、健常者《けんじょうしゃ》と変《か》わらないのは、拓朗《たくろう》の体幹《たいかん》※がぶれていないからです。

拓朗《たくろう》は、第一線で活躍《かつやく》しているほかの部員と同じプログラムで、練習をはじめることになりました。

来る日も、来る日も、一流《いちりゅう》の選手《せんしゅ》と同じプログラムを練習していくうちに、拓朗《たくろう》は疑問《ぎもん》を感じはじめていました。

今のままでは、右腕《みぎうで》に負担《ふたん》がかかって、北京《ペキン》パラリンピックのときのように、肩《かた》を痛《いた》めてしまうかもしれません。

（みんなと同じプログラムを、必死《ひっし》に練習していくことが、果《は》たして自分に向いているのだろうか……。）

ひとり暮《ぐ》らしをはじめて、大きく環境《かんきょう》が変《か》わったことや、記録《きろく》をなかなか更新《こうしん》できないことに、拓朗《たくろう》は、あせりを感じていました。

※体幹《たいかん》…体の中心となる部分。腹筋《ふっきん》だけでなく背中《せなか》や腰《こし》まわりも含《ふく》めた、胴体部分全般《どうたいぶぶんぜんぱん》を指《さ》す。

試行錯誤《しこうさくご》の2年間

自分に合った練習方法があるのではないかと考えた拓朗《たくろう》は、コーチやスタッフに相談して、プログラムを見直してもらうことにしました。

ほかにも、海外のタイムの速い選手《せんしゅ》の映像《えいぞう》を見て、泳ぎ方を研究することで、まったく違《ちが》う障《しょう》がいのあるパラリンピック選手《せんしゅ》からヒントを得《え》ることもありました。

拓朗《たくろう》が入学してから1年後に、弟の眞崇《まさたか》が筑波《つくば》大学に入学し、水泳部でいっしょに練習することになりました。眞崇《まさたか》も、日本選手権《せんしゅけん》をめざしている力のある選手《せんしゅ》です。

眞崇《まさたか》と毎日のようにいっしょに泳ぎ、帰宅後《きたくご》は、水泳の話をすることもありました。公私《こうし》ともに、本音《ほんね》で話し合える相手が身近にいることは、拓朗《たくろう》にとっても眞崇《まさたか》にとっても願ってもないことで、技術《ぎじゅつ》をさらに高めあうきっかけにもなりました。

さまざまな刺激《しげき》を受け、試行錯誤《しこうさくご》※をくり返《かえ》すなかで、拓朗《たくろう》は自分の泳ぎが確立《かくりつ》するのを感じていました。

そして2012年、ロンドンパラリンピックに出場が決まりました。

(ロンドンでは納得《なっとく》できる泳ぎをするぞ。)

※試行錯誤《しこうさくご》…新しい物事をはじめるとき、試《こころ》みと失敗《しっぱい》をくり返《かえ》しながら次第《しだい》に見通しを立てて、解決策《かいけつさく》や適切《てきせつ》な方法《ほうほう》を見いだしていくこと。

ロンドンパラリンピック代表が決まったこの年の国際大会《こくさい》ドイツオープンでは、拓朗《たくろう》は、自己《じこ》ベストを更新《こうしん》することができたのです。
拓朗《たくろう》は、手ごたえを感じていました。

そんななかで迎《むか》えたロンドンパラリンピックでは、100メートル自由形《じゆうがた》と、50メートル自由形《じゆうがた》で決勝《けっしょう》に進み、50メートル自由形《じゆうがた》では26秒22の日本新《しん》記録《きろく》で、4位《い》に入賞《にゅうしょう》しました。

どのようにトレーニングを積《つ》んでいけば自分のパフォーマンスが向上するのかが、ようやくわかってきました。

大学入学から、思うような結果《けっか》が出ず、伸《の》び悩《なや》んだ苦しい時期もありましたが、やっと、道が開けてきたように感じられました。

大学でも、拓朗《たくろう》と眞《まさ》崇《たか》は仲がよかった。

第6章

社会人と水泳の両立

父親の影響《えいきょう》

大学3年生になり、社会人としての進路を具体的《ぐたいてき》に考える時期になりました。

就職《しゅうしょく》しても、競技《きょうぎ》だけに専念《せんねん》するパラリンピックの選手《せんしゅ》も多いなか、拓朗《たくろう》は、大学卒業後《そつぎょうご》は、働《はたら》きながら選手《せんしゅ》として水泳を続《つづ》けることにこだわりたいと思っていました。というのは、現役《げんえき》として選手《せんしゅ》生活を続《つづ》けられる期間は、一生《いっしょう》から見ると短《みじか》いからです。

(選手《せんしゅ》を引退《いんたい》したあとの自分はどうなるのだろう?)

選手《せんしゅ》生活がすべての毎日を過《す》ごしていると、先の人生が見えてきませんでした。

同時に、スポーツとはまったく関係《かんけい》のないさまざまな人がいる社会との関《かか》わりのなかで競技《きょうぎ》を続《つづ》けていくことができたら、自分のパフォーマンスにもプラスになるのではないかな、という思いが、だんだん強くなっていきました。

そう思ったのは、お父さんの影響《えいきょう》が大きかったかもしれません。

拓朗《たくろう》は、選択《せんたく》に迷《まよ》ったときや、先のことまで考える必要《ひつよう》があると思ったときは、必《かなら》ずお父さんに相談してきました。どんな場合も、自分が思いつかない視点《してん》での意見を出してくれて、ストンと心に落ちました。

最終的《さいしゅうてき》な決断《けつだん》をするのは自分自身ですが、相談をするたびに、（そうか、そういう考え方もあるのか！）と、目の前が開けてくる思いがするのです。水泳だけしている自分にはとてもできない発想だと、拓朗《たくろう》は感じていました。

物事を広い視野《しや》で見ることができる将来《しょうらい》の自分の姿《すがた》を頭に描《えが》きつつ、就職《しゅうしょく》活動《かつどう》をしているなかで、いろいろな企業《きぎょう》の人と話をする機会《きかい》がありました。いくつかの企業《きぎょう》が、働《はたら》きながら選手《せんしゅ》として水泳を続《つづ》けるということに理解《りかい》を示《しめ》してくれるなかで、拓朗《たくろう》は、自分の考えが固《かた》まってくるのを感じていました。

（就職《しゅうしょく》する先は、すでに障《しょう》がいのあるスポーツ選手《せんしゅ》を受け入れている企業《きぎょう》ではなく、新しく受け入れてくれる企業《きぎょう》にしよう。）

というのも、パラリンピックを盛《も》りあげるためにはたくさんの企業《きぎょう》の力が必要《ひつよう》です。自分が社員になり、理解《りかい》してくれる企業《きぎょう》が増《ふ》えることで障《しょう》がい者《しゃ》スポーツ全体の活性化《かっせいか》につながると思いました。

NTT《エヌティーティー》ドコモ入社後の活躍《かつやく》

NTT《エヌティーティー》ドコモが、拓朗《たくろう》の思いに理解《りかい》を示《しめ》してくれ、内定《ないてい》※をもらうことができました。そして、拓朗《たくろう》は正式にNTT《エヌティーティー》ドコモに入社することになりました。2014年のことです。

社員研修後《けんしゅうご》、人事部に配属《はいぞく》され、現在《げんざい》は、社員の福利厚生《ふくりこうせい》※にかかわる仕事を担当《たんとう》しています。

仕事と水泳の両立には、気持ちの切りかえが大事です。仕事のときは水泳から離《はな》れて、泳ぐときは、仕事を引きずらないということです。

努力《どりょく》のかいがあって、就職後《しゅうしょくご》も順調《じゅんちょう》に、選手《せんしゅ》として結果《けっか》を残《のこ》していきました。

※内定《ないてい》…入社試験《しけん》に合格《ごうかく》すること。
※福利厚生《ふくりこうせい》…社員が勤務《きんむ》しやすくなるように整備《せいび》されたサービスや援助《えんじょ》のしくみ。

毎年、国際《こくさい》大会の日本代表になるための選考会《せんこうかい》がおこなわれます。

2014年の選考会《せんこうかい》で、拓朗《たくろう》は代表選手《せんしゅ》に選《えら》ばれ、韓国《かんこく》の仁川《インチョン》でおこなわれたアジアパラ競技会《きょうぎかい》に出場。50メートル自由形《じゆうがた》、100メートル自由形《じゆうがた》、200メートル個人《こじん》メドレーで優勝《ゆうしょう》しました。

2015年ジャパンパラリンピック水泳大会では、50メートル自由形《じゆうがた》、100メートル自由形《じゆうがた》で優勝《ゆうしょう》。

2015年イギリスのグラスゴーで開催《かいさい》された世界選手権《せんしゅけん》では、50メートル自由形《じゆうがた》で銀メダルを獲得《かくとく》しました。

華《はな》ばなしい活躍《かつやく》で、拓朗《たくろう》は、NTT《エヌティーティー》ドコモ所属《しょぞく》の選手《せんしゅ》として、ますます注目されるようになっていきました。

（リオに向けて、がんばろう。メダルをめざすぞ。）

拓朗《たくろう》が、そんな決心をしたある日のこと、NTT《エヌティーティー》ドコモのテレビコマーシャルに、出演《しゅつえん》することが決まりました。

２０１６年のリオデジャネイロパラリンピックに向けて、NTT《エヌティーティー》ドコモの受付《うけつけ》には、大型《おおがた》テレビ画面が設置《せっち》されました。拓朗《たくろう》の力強い泳ぎやインタビューの映像《えいぞう》がくり返し再生《さいせい》され、来客を迎《むか》えます。

昼間は社会人として、仕事に集中。

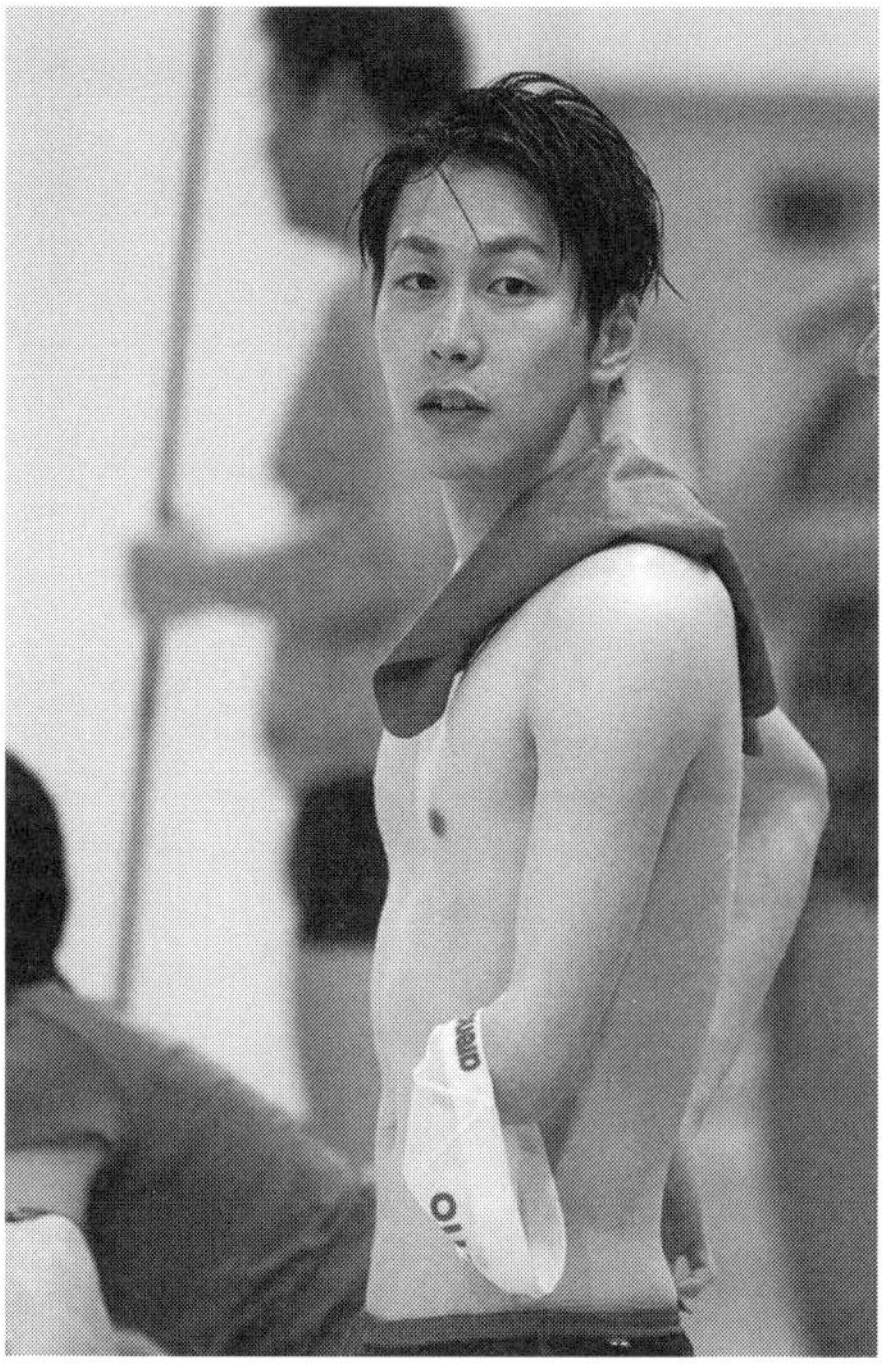

練習では気持ちを切りかえて、仕事を引きずらない。

練習後の笑顔《えがお》。

第7章

高《たか》城《しろ》コーチとの出会い

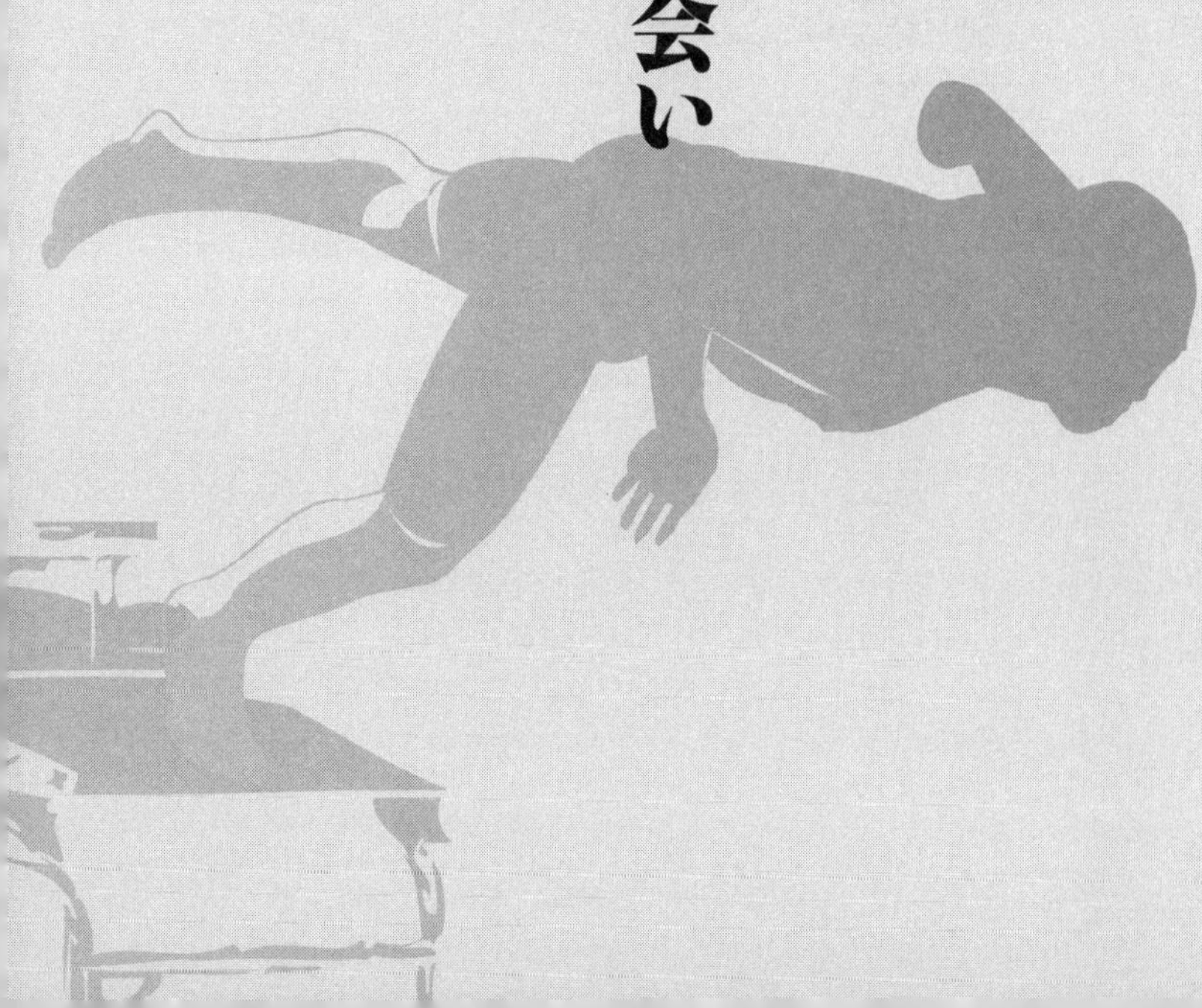

的確《てきかく》なアドバイスとコーチング

拓朗《たくろう》は、ぜひ、高城直基《たかしろなおき》さんにコーチをお願《ねが》いしたいと思っていました。

高城《たかしろ》さんは、ロンドンオリンピックの銅《どう》メダリスト・立石諒《たていしりょう》選手《せんしゅ》を指導《しどう》したコーチです。パラリンピックの競泳選手《きょうえいせんしゅ》のコーチをしたことはありません。

高城《たかしろ》さんは、拓朗《たくろう》の泳ぎを見ながら、彼《かれ》のコーチを引き受けるかどうか、考えていました。

（スタートで水に飛《と》び込《こ》んでから、浮《う》きあがって来るまでに時間がかかりすぎている。小学2年生の息子《むすこ》のほうが早いくらいだ。これは、入水《にゅうすい》するときの姿勢《しせい》に問題があるからではないだろうか。）

一般《いっぱん》に、飛《と》び込《こ》むときの姿勢《しせい》は、両手を頭上にまっすぐ伸《の》ばし、両肩《りょうかた》で三角形をつくるのですが、拓朗《たくろう》の三角形は、頭上まであがりません。体がまっすぐにならない状態《じょうたい》で入水《にゅうすい》してしまうので、水の抵抗《ていこう》を受けて、速度を落としてしまうのです。

（彼《かれ》の問題は、飛《と》び込《こ》んで浮《う》きあがってくるまでの15メートルにある。泳ぐスピードは速いので、後半では追いあげることができているが、最初《さいしょ》の15メートルでほかの選手《せんしゅ》と並《なら》ぶことができれば、タイムはもっと縮《ちぢ》まる。）

今までの試合《しあい》をビデオでチェックしてみても、浮《う》きあがった時点で、ほかの選手《せんしゅ》と体ひとつ分引《ひ》き離《はな》されていました。浮《う》かびあがってから急に加速《かそく》させるには相当なエネルギーを使い、50メートルという短《みじか》いレースだと、巻《ま》き返《かえ》すのはかなりしんどくなります。

（スタートのときの姿勢《しせい》が改善《かいぜん》できれば、記録《きろく》は伸《の》びる。）

さらに、入水後《にゅうすいご》のドルフィンキック※にも、改善《かいぜん》できるところがあることに気づきました。これまで、左腕《ひだりうで》をほとんど意識《いしき》して動かしていなかったので、左の胸郭《きょうかく》（胸《むね》の周辺《しゅうへん》にある骨《ほね》）が固《かた》まってしまって動きにくくなっているのです。胸郭《きょうかく》を動きやすくすれば、肺《はい》があばら骨《ぼね》の下まで広がり、重心があがり、足も浮《う》いてきます。

（胸郭《きょうかく》が動けば、腹筋《ふっきん》ももっとうまく使えて、より大きな力が水に伝わり、ドルフィンキックによい影響《えいきょう》が出る。入水《にゅうすい》の姿勢《しせい》の改善《かいぜん》にもつながるにちがいない。）

また、拓朗《たくろう》は左腕《ひだりうで》のひじから先がないので、タッチは必《かなら》ず右手ですることになります。タッチがぴったり合わないときは、最後《さいご》は、そのまま右手を伸《の》ばしてタッチするか、もう1回水をかくかを、そのつど、水中で判断《はんだん》しなければなりません。もう1回かくには微妙《びみょう》な距離《きょり》だったとき、そのまま手を伸《の》ばしてタッチしたりして、タイムロスにつながったこともありました。

高城《たかしろ》コーチには、拓朗《たくろう》の抱《かか》えている問題点が、よくわかりました。そして、拓朗《たくろう》の素晴《すば》らしいところも、じゅうぶん把握《はあく》できました。オリンピックメダリストの立石選手《たていしせんしゅ》といっしょに練習をさせても、拓朗《たくろう》の泳ぎ方はバランスが崩《くず》れないし、軸《じく》がぶれません。

（彼《かれ》の指導《しどう》ならできるかもしれない。）

と思い、高城《たかしろ》コーチは拓朗《たくろう》の指導《しどう》を引き受けることにしました。

※ドルフィンキック…バタフライ泳法《えいほう》で、両足をそろえて足の甲《こう》で水を上下に打つキック法《ほう》。

0.《レイコンマ》の戦《たたか》いに挑《いど》む

拓朗《たくろう》は、高城《たかしろ》コーチの指導《しどう》のもと、ウェイトトレーニング用の義《ぎ》手《しゅ》をつくることにしました。筋力《きんりょく》をきたえるためのものです。バーベルを両手で持って、ウェイトトレーニングを続《つづ》けることで、体の筋力《きんりょく》をつけ、泳ぐときのパフォーマンスにつなげることができます。

拓朗《たくろう》と競《きそ》う同じS《エス》9クラスの選手《せんしゅ》には、手や足にまひがある選手《せんしゅ》や、足が欠損《けっそん》している選手《せんしゅ》のほか、両手を使える選手《せんしゅ》もいます。彼《かれ》らとの競争《きょうそう》は、

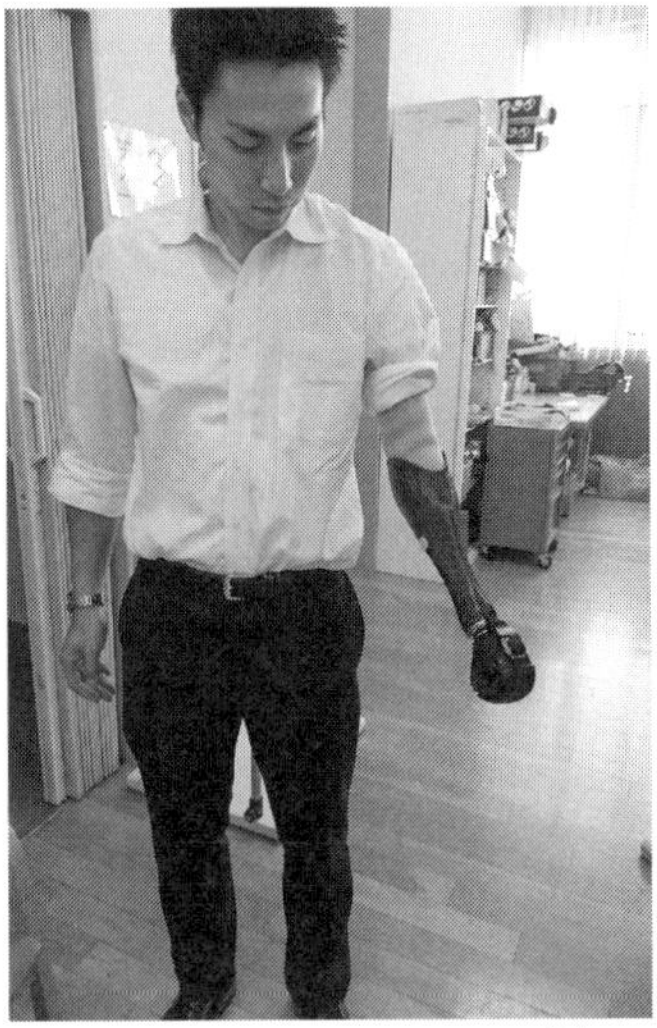

ウェイトトレーニング用の義手《ぎしゅ》。

「0.《レイコンマ》」の戦《たたか》いなのです。

実際《じっさい》、ロンドンパラリンピックでは、3位《い》とは、わずか0・2秒の差《さ》で4位《い》でした。

2016年5月から義手《ぎしゅ》を使った筋力《きんりょく》トレーニングを、練習にとりいれた結果《けっか》、クロールのタイムは少しずつ伸《の》びていきました。

障《しょう》がいの程度《ていど》は、みんな同じではありません。選手《せんしゅ》自身がしっかり自分の体の動きを理解《りかい》し、体の状態《じょうたい》をコーチに伝えるのです。コーチと選手《せんしゅ》の思いをすり合わせていくことで、自分に合ったトレーニングメニューができあがっていくのです。

（こんどこそ、メダルをとるぞ。）

リオパラリンピック直前の合宿は好調《こうちょう》で、家族の心配をよそに、拓朗《たくろう》は、

「今は、自信《じしん》しかない。」

と電話で話しました。

高城《たかしろ》コーチは、

「メダルはとれる。色は運しだい!」

と、背中《せなか》を押《お》してくれました。

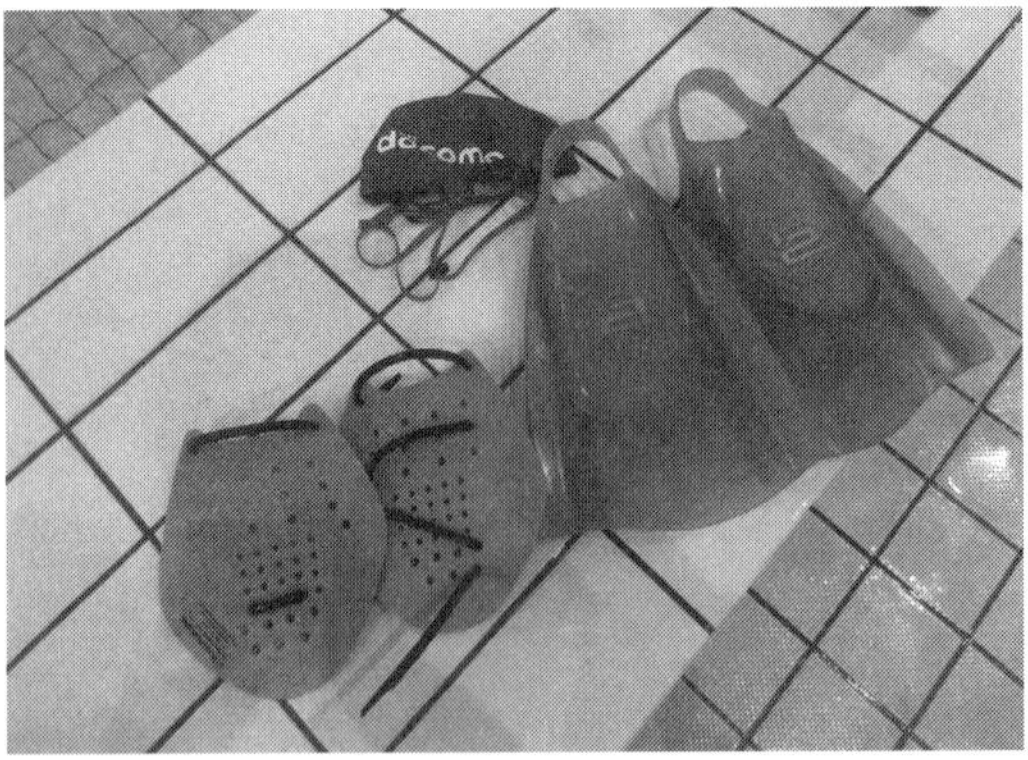

練習で使うメッシュキャップ、ゴーグル、パドル、フィン(足ひれ)

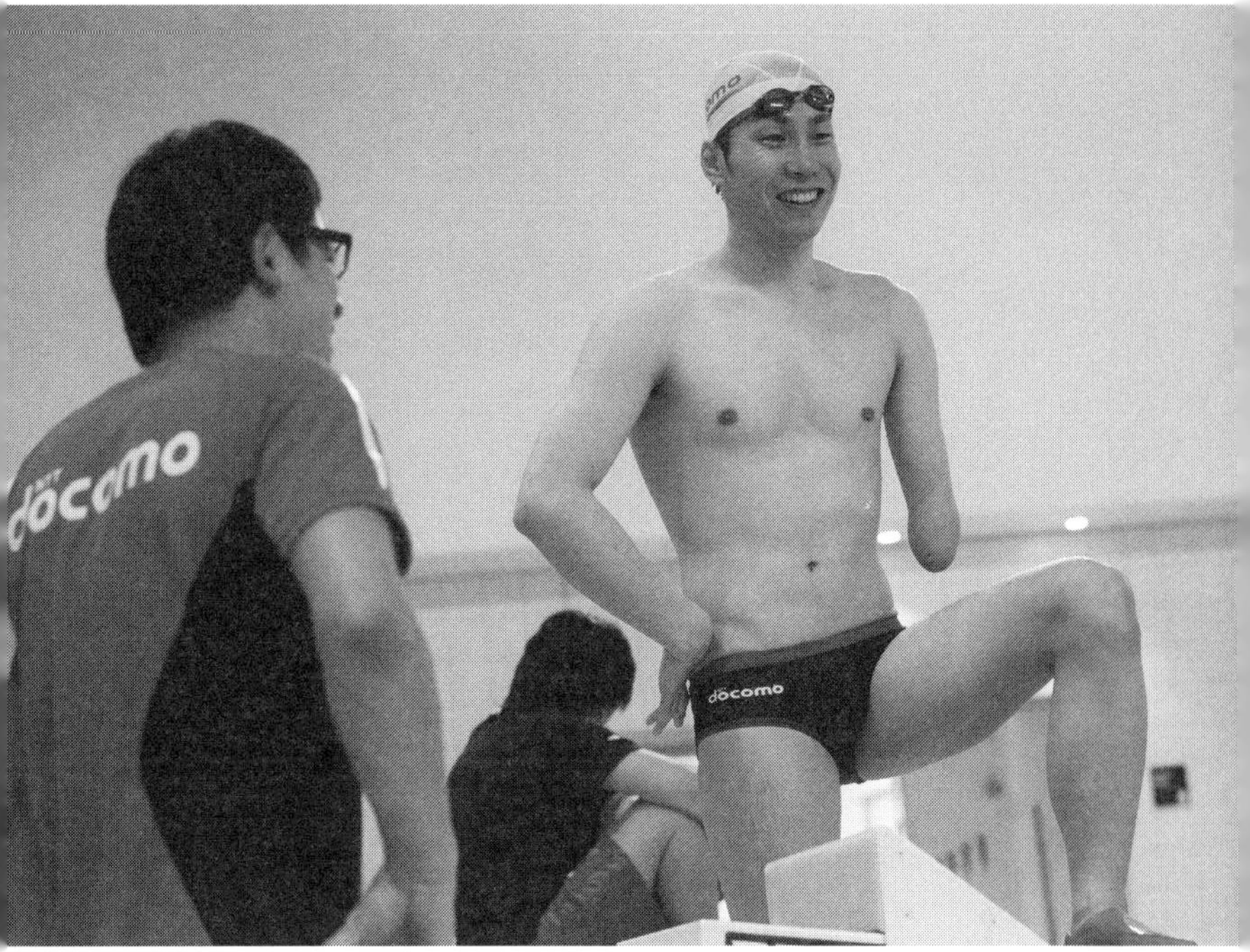

高城《たかしろ》コーチと話す拓朗《たくろう》。

フィンを使っての練習。

キックの練習をする拓《たく》朗《ろう》。

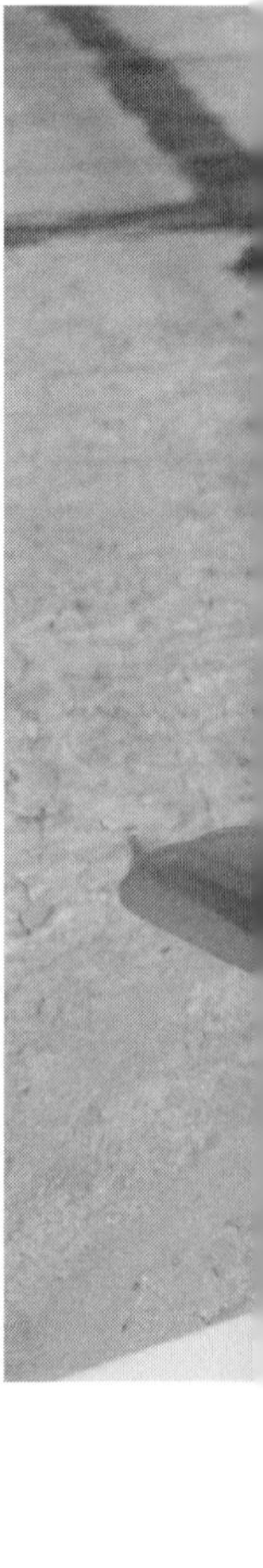

2016年7月ジャパンパラ。

第8章

リオパラリンピック

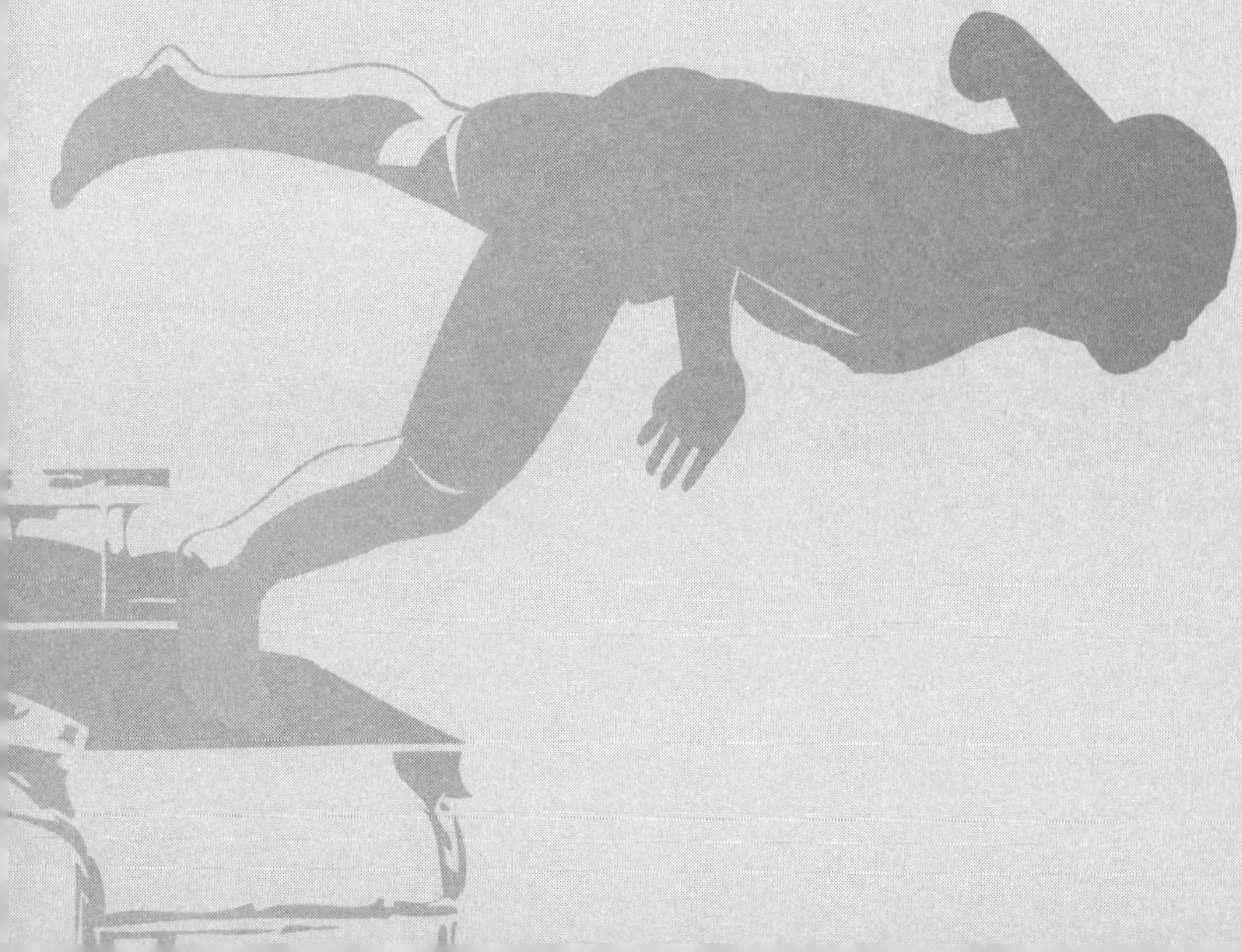

後輩《こうはい》の応援《おうえん》―そして大歓声《だいかんせい》

２０１６年9月14日。リオデジャネイロパラリンピック、男子50メートル自由形《じゆうがた》Ｓ《エス》９クラスの決勝《けっしょう》がおこなわれる朝のことです。

（よし！　50メートルでは、25秒台を出してメダルを獲得《かくとく》するぞ。）

前日の１００メートル自由形《じゆうがた》は、８位《い》に入賞《にゅうしょう》。しかし、自己《じこ》ベストにはおよびませんでした。前半から飛《と》ばしてトップに食らいついていたのですが、後半に失速《しっそく》して、目標《もくひょう》にしていたタイムに０・７秒とどかない57秒69にとどまりました。

１００メートルを終えた拓朗《たくろう》は、お母さんに、

「落ち着いていたけど、変《へん》な力《りき》みがあった。」

というメッセージを送りました。

お母さんからは、

「今までやってきたことを信《しん》じ、50メートルでリベンジ。」

〈君ならできる〉というスタンプがついた返事がとどきました。

拓朗《たくろう》も、同じ思いでいました。


いよいよ男子50メートル自由形《じゆうがた》S《エス》9クラスの決勝《けっしょう》がはじまります。

拓朗《たくろう》の4度目の挑戦《ちょうせん》を見とどけようと、母校の北摂三田《ほくせつさんだ》高校では、授業《じゅぎょう》がはじまる前から、先生や生徒《せいと》ら約《やく》70人がテレビの前に集まっていました。

みんながはらはらどきどきと見まもるなか、まっすぐ水中に飛《と》び込《こ》んだ拓《たく》朗《ろう》は、2番目に浮《う》きあがってきました。

「いいぞ、がんばれ！」

「先輩《せんぱい》、がんばって！」

拓朗《たくろう》は快調《かいちょう》にとばし、激《はげ》しい争《あらそ》いです。


拓朗《たくろう》は、トップを泳ぐ選手《せんしゅ》たちとわずかな差《さ》でゴールしました。2位《い》か3位《い》か、はたまた4位《い》か……。

電光掲示板《けいじばん》の自分の名前の列の「26・00」の数字を確認《かくにん》した瞬間《しゅんかん》、拓朗《たくろう》は、右手のこぶしで水面をたたきました。

1位《い》が25秒95、2位《い》が25秒99です。拓朗《たくろう》は、2位《い》と0・01秒というわずかの差《さ》で、3位《い》でした。

拓朗《たくろう》の記録《きろく》は、日本新記録《しんきろく》です。拓朗《たくろう》にとっては、悲願《ひがん》のメダルでした。

一瞬《いっしゅん》、北摂《ほくせつ》三田《さんだ》高校の会場は静《しず》まり返ったのですが、拓朗《たくろう》が銅《どう》メダルだとわかった瞬間《しゅんかん》、大歓声《だいかんせい》があがりました。

表彰台《ひょうしょうだい》でかけられた銅《どう》メダルを、拓朗《たくろう》は耳元で振《ふ》りました。

リオパラリンピック決勝《けっしょう》レース、ゴールタッチ後メダル獲得《かくとく》を確信《かくしん》し、水面をたたく拓朗《たくろう》。

写真／アフロスポーツ

7
YAMADA
arena

リオパラリンピックのメダル

　拓朗《たくろう》がメダルを耳元で振《ふ》ったのは、リオパラリンピックのメダルは全盲《ぜんもう》の選手《せんしゅ》にもわかるように振《ふ》ると音が鳴《な》るようになっていたからです。メダルのなかにステンレスの玉がいくつか入っていて、金メダル、銀メダル、銅《どう》メダルとそれぞれ音が違《ちが》っているのです。

　またメダルには、点字が彫《ほ》ってあります。

　メダルを手にした拓朗《たくろう》は、

「けっこう重いですね。実際《じっさい》の重さもそうですが、12年目にやっと、の重みかもしれません。」

と取材《しゅざい》にこたえました。

　また、別《べつ》のインタビューでは、

「メダルをとったらもっとうれしいのかと思いました。でも……もっといいメダルがほしくなりました。」

リオパラリンピックに向けてさまざまな努力《どりょく》を重ねてきた拓朗《たくろう》は、今回、全力を出しきったと思えるパフォーマンスができました。

ただ、目標《もくひょう》としていたタイムには、あと一歩のところでとどいていなかったのです。

4年後の2020年には、東京《とうきょう》でパラリンピックが開催《かいさい》されることが決まっています。

拓朗《たくろう》は、次の目標《もくひょう》をはっきりととらえました。

「今後、さらにがんばろうというモチベーションになりました。自分でも、もっともっと速くなれると思っています。」

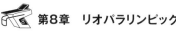

拓朗《たくろう》は、お母さんの携帯《けいたい》に、

「お父さんの還暦祝《かんれきいわ》いにしてや。」

というメッセージとともにメダルの写真を送りました。

お父さんは、この日、60歳《さい》の誕生日《たんじょうび》でした。

拓朗《たくろう》のメダルを首にかける眞崇《まさたか》。

リオパラリンピック後におこなわれた国内大会後の取材《しゅざい》を受ける拓朗《たくろう》。

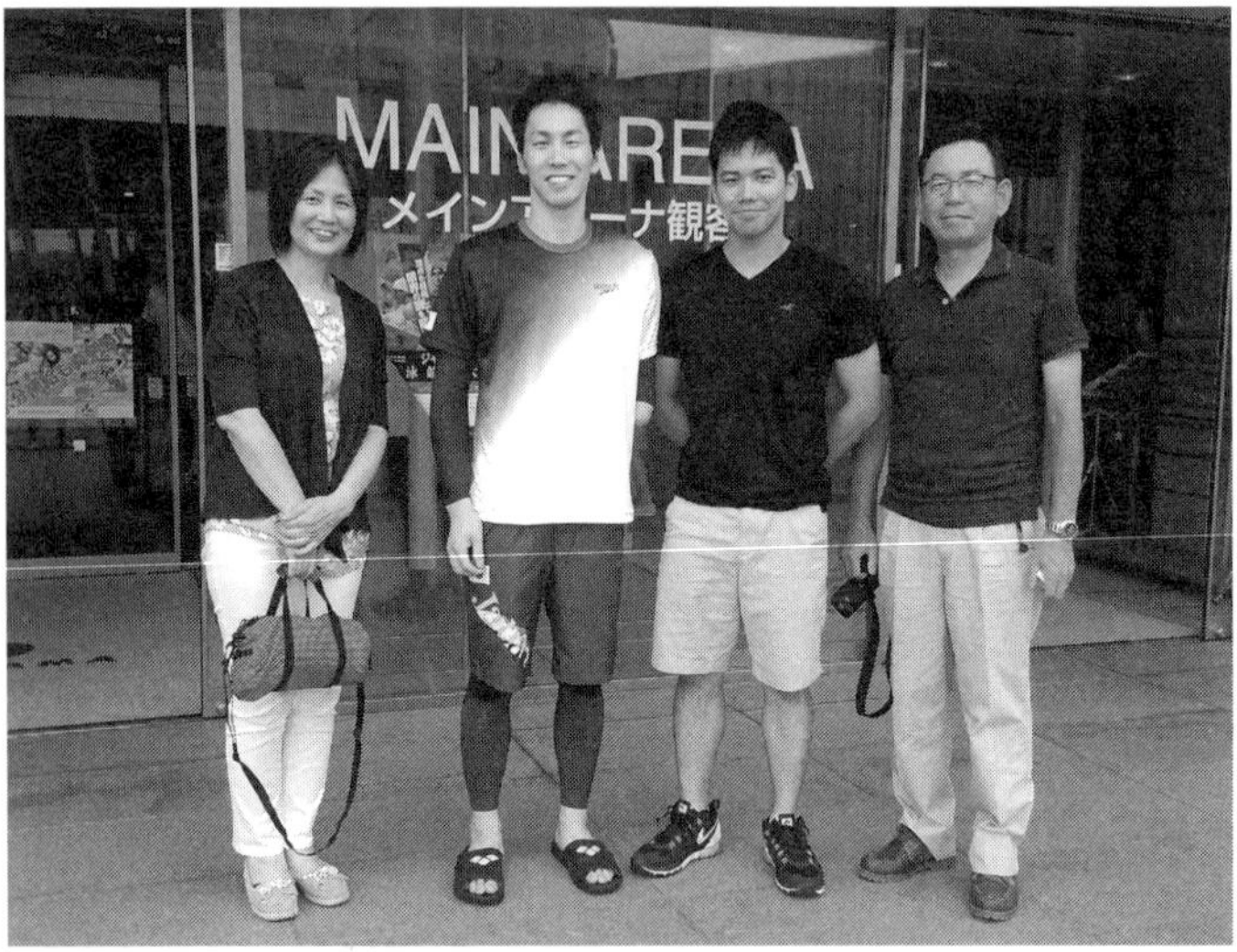

2016年7月。ジャパンパラ後に、家族そろって。

第9章

泳《えい》法《ほう》の秘《ひ》密《みつ》

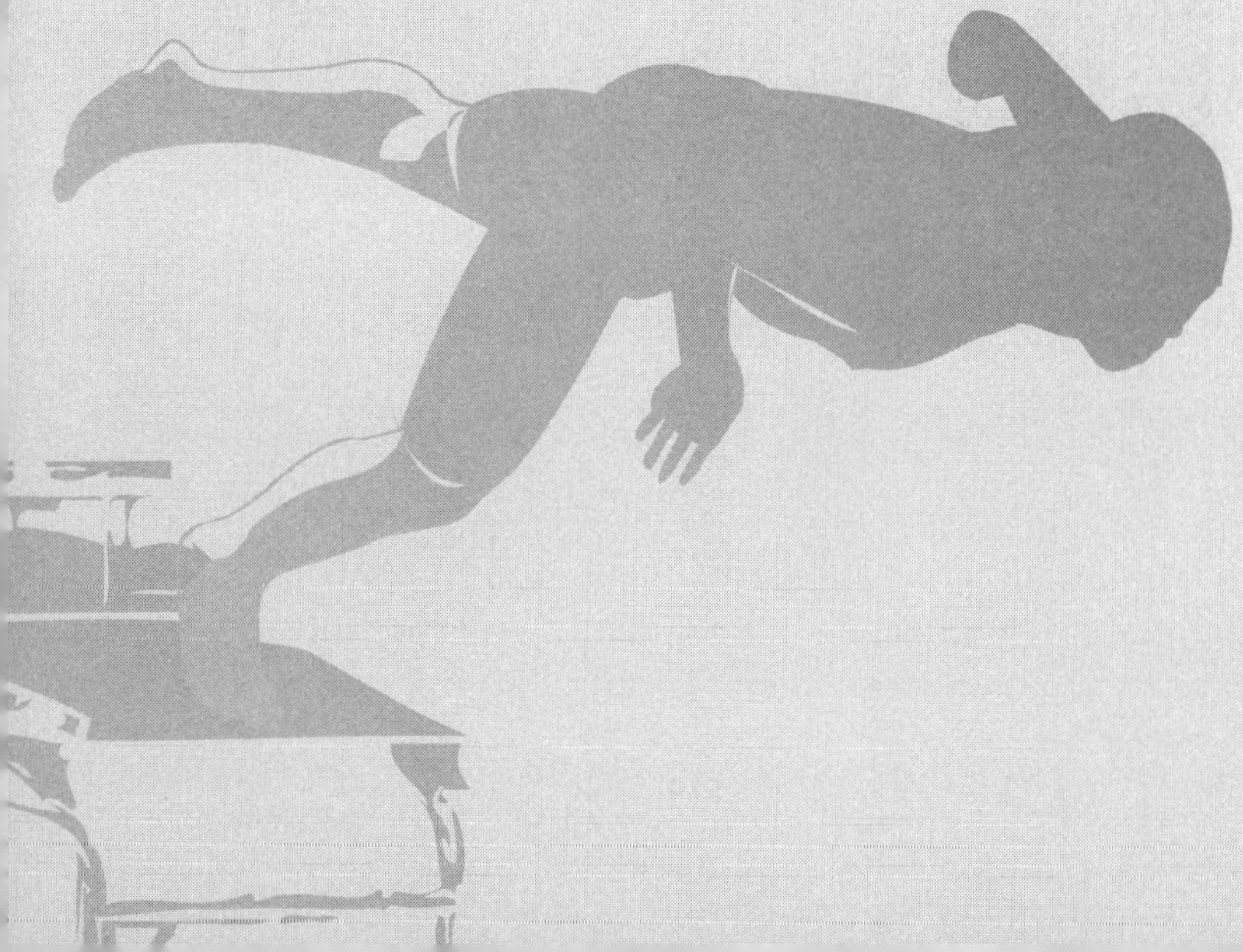

科学的《かがくてき》に分析《ぶんせき》すると

左腕《ひだりうで》のひじから先がない拓朗《たくろう》ですが、泳ぎを見ると、まるで両腕《りょううで》で泳いでいるかのように見えます。片腕《かたうで》なのになぜ、速く、そしてまっすぐ泳げるのでしょうか。

「筑波《つくば》大学体育系《けい》ヒューマン・ハイ・パフォーマンス先端研究《せんたんけんきゅう》センター※」では、最新科学《さいしんかがく》を活《い》かして、拓朗《たくろう》の泳ぎを分析《ぶんせき》しました。その結果《けっか》、左腕《ひだりうで》をおぎなう「推進力《すいしんりょく》」と「方向調整能力《ほうこうちょうせいのうりょく》」をかねそなえた、拓朗《たくろう》の泳ぎの秘密《ひみつ》が明《あき》らかになってきました。

この研究は、拓朗《たくろう》が、筑波《つくば》大学に入るときの論作文《ろんさくぶん》に、「障《しょう》がいを持つアスリートとして後進のために自分のデータを残《のこ》したい」と書き、希望《きぼう》したことのひとつでもあります。

研究を主導《しゅどう》したのは、筑波《つくば》大学の高木英樹《たかぎひでき》教授《きょうじゅ》で、水泳の流体力学《りゅうたいりきがく》の研究者です。高木《たかぎ》教授《きょうじゅ》は、人が水の中で進むときに、どんな力が働《はたら》いているかを研究しています。

泳ぐときには、水をかく手の動きに対して、垂直《すいちょく》の方向に「揚力《ようりょく》＝浮《う》きあがる力」が働《はたら》き、手の動きとは反対の方向に「抗力《こうりょく》＝流れに逆《さか》らう力」が働《はたら》きます。この揚力《ようりょく》と抗力《こうりょく》が合わさった力を「合力《ごうりょく》」と呼《よ》び、合力《ごうりょく》を効果的《こうかてき》に生み出すことで、前に進む力（推進力《すいしんりょく》）が生まれるのです。

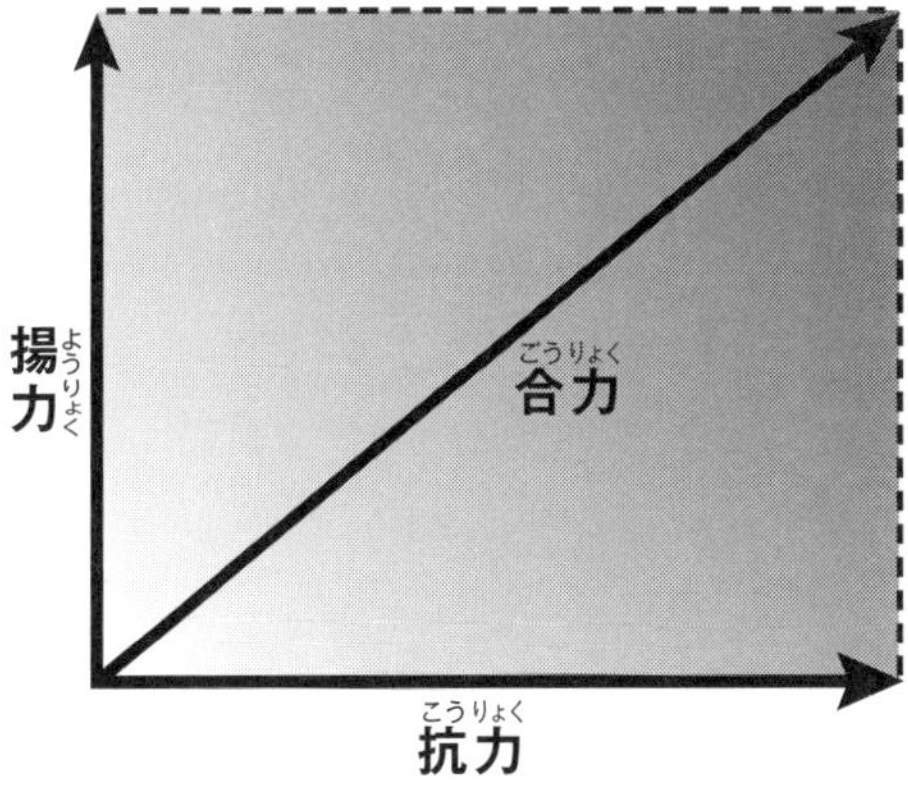

※筑波《つくば》大学体育系《けい》ヒューマン・ハイ・パフォーマンス先端研究《せんたんけんきゅう》センター…人間の心身の活動能力《のうりょく》を最大化《さいだいか》することをめざした研究機関《きかん》。

速く泳ぐためには、この合力《ごうりょく》をいかに大きく進行方向へ向けられるかが重《じゅう》要《よう》となります。

高木教授《たかぎきょうじゅ》の3つの分析《ぶんせき》

高木教授《たかぎきょうじゅ》は、拓朗《たくろう》の泳ぎについて3つの分析《ぶんせき》をしています。

ひとつは、「右腕《みぎうで》の水をとらえる動作（キャッチ）」についてです。

「泳ぐ」という動作は、入水《にゅうすい》したあと、左と右の腕《うで》を交互《こうご》に動かしながら、水をつかみ、前に進みます。拓朗《たくろう》のように左腕《ひだりうで》がない場合にはスピードが落ちてしまうのです。

しかし拓朗《たくろう》は、スピードが落ちません。右腕《みぎうで》だけで、効率《こうりつ》よく推進力《すいしんりょく》を生み出せるような水のかき方をしているからです。それは、高木教授《たかぎきょうじゅ》たちが、

「キャッチ」とよんでいる技術《ぎじゅつ》で、拓朗《たくろう》は、右腕《みぎうで》だけで、左腕《ひだりうで》が水をかけない分の遅《おく》れを、すぐにとりもどす泳法《えいほう》をしているのです。

「とことんむだのない泳ぎをしている。これはすごいことです。やろうと思ってできることではないし、だれにもおよびません。右腕《みぎうで》1本で健常者《けんじょうしゃ》並《な》みのことをやっているといえます。まねをしようと思っても、だれでもできることではありません。」

と、高木教授《たかぎきょうじゅ》は話します。


ふたつ目は、下半身の安定感とキック力についてです。

キックの動きを、正確《せいかく》に進行方向に伝えるためには、下半身を安定させる必要《ひつよう》があります。腕《うで》のかき方だけに注目が集まりがちですが、右腕《みぎうで》1本ですばやく推進力《すいしんりょく》を生み出せることに加《くわ》えて、それをささえるキックが、規則《きそく》正しいリズムで力強く安定していることも、拓朗《たくろう》の泳ぎの特徴《とくちょう》です。

片腕《かたうで》だけだと、ふつうは体のバランスがくずれ、キックが乱《みだ》れるのですが、拓朗《たくろう》は下半身を安定させて、左右規則《きそく》正しいキックをくり返すことができます。

いつどうやって、この技術《ぎじゅつ》にたどりついたのかと教授《きょうじゅ》が聞くと、拓朗《たくろう》は、

「早く進もうと思ったら、これしかなかったんです。」

と答えました。

「山田選手《やまだせんしゅ》と同じ障《しょう》がいのある選手《せんしゅ》は、そんなふうにキックを打てないですよ。」

と、感心したようすで、高木教授《たかぎきょうじゅ》はいいます。

３つ目は、なぜまっすぐ泳げるのかということです。

片腕《かたうで》だけで泳ぐということは、手こぎボートに例《たと》えると、オール１本でボートをこぐのと同じで、下手《へた》をすると前に進まずくるくるまわってしまうことになりかねません。拓朗《たくろう》はなぜまっすぐ進めるのでしょうか？

高木教授《たかぎきょうじゅ》は、こう分析《ぶんせき》しています。

「船のかじの役割《やくわり》をするキックを、規則《きそく》正しく打つことによって、直進性《ちょくしんせい》※が増《ま》していると考えられます。」

さらに、

「右腕《みぎうで》でかくとき、体のわきをかくのではなく、体の中心線に近い位置《いち》をまっすぐ後ろにかいているのも、ひとつの理由かもしれません。」

このような技術《ぎじゅつ》は、拓朗《たくろう》がまっすぐ速く泳ぐために、試行錯誤《しこうさくご》の結果《けっか》、身

※直進性《ちょくしんせい》…前にまっすぐ進む力。

につけたものなのです。

２０２０年の東京《とうきょう》パラリンピックに向けて進化し続《つづ》ける拓朗《たくろう》への期待《きたい》は、さらに大きくふくらみます。

高城《たかしろ》コーチと。

拓朗《たくろう》は試行錯誤《しこうさくご》の結果《けっか》、右腕《みぎうで》だけで効率《こうりつ》よく進む水のかき方と、規則《きそく》正しいキックの力で、自分だけの、まっすぐに速く泳ぐための方法《ほうほう》を身につけた。

東京《とうきょう》パラリンピックに向けて、練習を重ねる。

第10章

子どもたちとのつながり

学校での講演会《こうえんかい》

拓朗《たくろう》は依頼《いらい》があると、小学校や中学校、高校で講演《こうえん》をしています。幼《おさな》いころからの経験《けいけん》やパラリンピックの経験《けいけん》、これからの目標《もくひょう》などを話し、メダルにさわってもらったりするのです。

講演《こうえん》が終わったあとで、

「どうして腕《うで》がないのですか？」

と質問《しつもん》する子どもがいます。

（ちゃんと話したのに、この子は、話を聞いていなかったのか。）

と、おかしくなりますが、そんな子どもも、メダルには目を輝《かがや》かせて食いついてきます。みんな興味《きょうみ》しんしんです。

「さわってもええの？　ラッキー！」

「大きいなあ。」
「めちゃ重いやん！」
リオパラリンピックのメダルは、視覚障《しかくしょう》がい者《しゃ》のために点字がついている
ほか、振《ふ》ると音が鳴《な》り、オリンピックのメダルと異《こと》なる点についても知るこ
とができます。
「おかげで子どもたちは、今後、パラリンピックをいろいろな視点《してん》で観戦《かんせん》す
ることができると思います。」
と先生は、よろこんでくれます。
拓朗《たくろう》自身、小学3年生のときに、水泳の先輩《せんぱい》がとったシドニーパラリンピ
ックの金メダルを見たことがきっかけで、パラリンピックを知ったのです。
それまでパラリンピックは、拓朗《たくろう》のなかに存在《そんざい》すらしなかったのに、メダ

ルがかっこよく、自分でもとりたいと思いました。それがパラリンピックをめざすはじまりです。

あの日の金メダルを見た衝撃《しょうげき》は大きく、今のモチベーションにもつながっています。

拓朗《たくろう》はいいます。

「ぼくと同じように水泳をやってもらおうとは思わないですが、外からの刺《し》激《げき》のひとつとして、何かを感じてもらえればと思います。」

子どもたちの質問《しつもん》は、水泳とはあまり関係《かんけい》がないことが多いです。

―好《す》きな色は何ですか？

「白です。」

――好《す》きな食べ物は？

「ゴーヤチャンプル。ぎょうざ。」

――好《す》きな教科は？

「苦手《にがて》な教科はなかったな。」

――もてましたか？

「好《す》きな子は、つねに3人いました。」

そういうと、子どもたちはおどろきますが、拓朗《たくろう》が小学生のころは、いつも3人ぐらい好《す》きな子がいたそうです。

「バレンタインには、食べきれないほどのチョコが集まりました。」

というと、女子はざわつき、男子はうらやましそうです。

小学校で、子どもたちと話す。

―何歳《なんさい》まで泳ぐのですか？

「まだ速くなれそうな気がする間は、挑戦《ちょうせん》をします。これ以上《いじょう》速くならないかなと思ったら、やめます。」

―やめてどうするんですか？

「経験《けいけん》を活《い》かして、水泳には貢献《こうけん》したいですね。ちょっとは。」

子どもたちといっしょに泳ぐ

依頼《いらい》があって、小学生といっしょに泳ぐこともあります。デモンストレーション（模範泳法《もはんえいほう》）をしたり、クラスから選抜《せんばつ》された泳ぎじまんの子ども4人（ひとり25メートル）VS《たい》拓朗《たくろう》（100メートル）のリレーで競争《きょうそう》をすることもあります。

拓朗《たくろう》の泳ぎについて、最初《さいしょ》は、子どもたちだけではなく、大人《おとな》も、あまり期待《きたい》をしていません。それは、拓朗《たくろう》の腕《うで》にハンディがあるからです。

（どうやって、泳ぐんだろう？）

（そんなに速く泳げるわけがない。）

そんななか、拓朗《たくろう》が飛《と》び込《こ》み台に立ち、スタートの合図で飛《と》び込《こ》み、泳ぎはじめました。

すると、

「すげえ！」

「速っ！」

と歓声《かんせい》がわきあがり、みんなの表情《ひょうじょう》がいっせいに変《か》わります。圧倒的《あっとうてき》スピードで拓朗《たくろう》がゴールしました。みんなその速さにおどろいています。

「世界で活躍《かつやく》する選手《せんしゅ》といっしょに泳ぐことができて、とても貴重《きちょう》な体験《たいけん》をすることができました。」

と、先生たちも興奮《こうふん》していました。

一般《いっぱん》に、パラリンピックのスポーツ選手《せんしゅ》は、パフォーマンスをあまり期待《きたい》されていません。見る人は心のどこかで、どうせたいしたことはないだろうと思うのでしょうか。拓朗《たくろう》の場合も同じです。実際《じっさい》に泳ぎはじめると、だれもが衝撃《しょうげき》を受けます。

（障《しょう》がいがあってもこんなにできるのなら、ぼくたちにはもっとできる。）

そう思ってもらえれば、それでいいか、と拓朗《たくろう》は思っています。

スランプを乗り切るコツや、進路についての質問《しつもん》もされることがあります。

拓朗《たくろう》はいつもこう答えます。

「目標《もくひょう》を達成《たっせい》するためには、自分で限界《げんかい》を決めずに、長く、努力《どりょく》し続《つづ》けることが必要《ひつよう》です。そのためには、自分ができないことや、新しいことにチャレンジすることも大切なんです。」

拓朗《たくろう》は、あのときの記録《きろく》はよかったね、と振《ふ》り返《かえ》ることはしません。そこに留《とど》まりたくないからです。つねに、これから出せる自己《じこ》ベストや、さらにその上をイメージしています。

「東京《とうきょう》パラリンピックでは、今の自分では想像《そうぞう》できないぐらい速くなりたい。」

拓朗《たくろう》はそう願《ねが》い、今日《きょう》も努力《どりょく》し続《つづ》けています。

講演会《こうえんかい》で。

エピローグ

拓朗《たくろう》には、子どもたちに伝えたいことがあります。それは、「自分は特別《とくべつ》だ」と思ってほしいということです。「自分は特別《とくべつ》だ」という思いが、将来《しょうらい》、自分でなければできないこと、やらなければならないことにつながっていくからです。

拓朗《たくろう》のように体に欠損《けっそん》があるパラの選手《せんしゅ》は、「体の障《しょう》がい」が特別《とくべつ》なのでわかりやすいのですが、すべての子どもたちのなかにも、特別《とくべつ》は必《かなら》ずあると拓朗《たくろう》はいいます。

「自分のなかの特別《とくべつ》を探《さが》してください。」

拓朗《たくろう》は、自分のなかに、水泳以外《いがい》にも特別《とくべつ》が、まだあると信《しん》じています。

例《たと》えば、拓朗《たくろう》は最近《さいきん》、ゴルフをはじめました。

ゴルフはクラブを両腕《りょううで》でにぎって打つもの、というイメージがあるから、

「えっ、ゴルフ？」


と、おどろく人もいるかもしれません。

拓朗《たくろう》は、水泳できたえた強《きょう》じんな体幹《たいかん》を軸《じく》に、上半身を回転させ、右腕《みぎうで》の力だけでクラブを振《ふ》り切《き》ります。最初《さいしょ》は思うように飛《と》ばなかったボールですが、今では、ふつうに飛《と》んでいます。

休みには、お父さんといっしょに打ちっぱなし※に行ったり、友だちとコースをまわったりしています。息抜《いきぬ》きかと思っていたら、そんな甘《あま》いものではなく、拓朗《たくろう》にはおどろくべき野望《やぼう》がありました。なんと、ゴルフで世界に挑《ちょう》戦《せん》したいと思っているのです。

思い出してください。拓朗《たくろう》が小学1年生のとき、クラスで一番早くひもシューズにチャレンジしたことを。好奇心《こうきしん》を大切にして、何にでもチャレンジする拓朗《たくろう》に、できないことはないのです。

（自分のなかにある特別《とくべつ》は、決してひとつだけとはかぎらない。）

拓朗《たくろう》はそんなことを、これからも身をもって示《しめ》してくれるでしょう。

※打ちっぱなし…打ったボールをそのままにしておけるゴルフの練習場。

コラム

パラ水泳の種目《しゅもく》とクラス分け

水泳は第1回パラリンピックから、正式競技《きょうぎ》としておこなわれています。はじめは、かぎられた障《しょう》がいのある選手《せんしゅ》しか、出場できませんでした。しかし今では、さまざまな障《しょう》がいのある選《せん》手《しゅ》の出場が認《みと》められています。

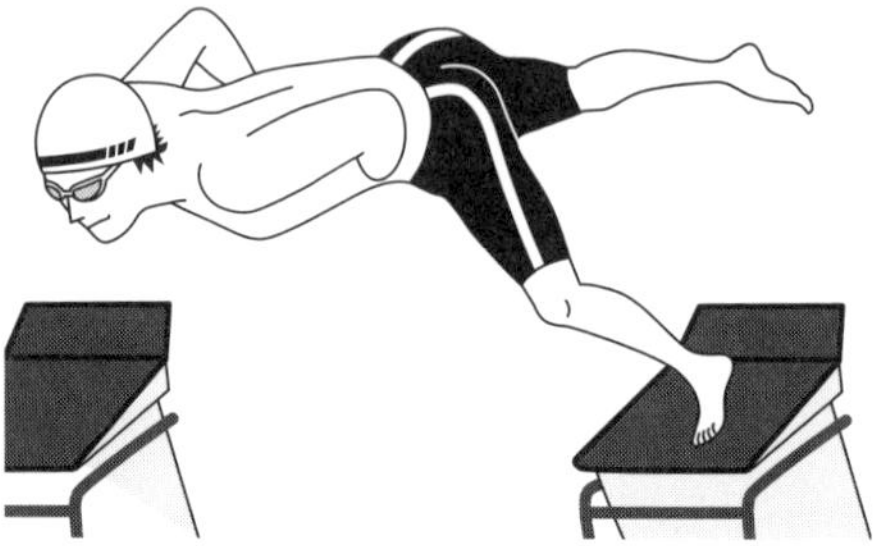

パラリンピックの水泳は、使うプールや泳《えい》法《ほう》（自由形《じゆうがた》、背泳《せおよ》ぎ、平泳《ひらおよ》ぎ、バタフライ）は、オリンピックと同じです。

しかし、「障《しょう》がいによってできないこと」や「けがをしたり、それによって障《しょう》がいを悪化させてしまうおそれ」があるため、一部のルールを変更《へんこう》した「世界パラ水泳連盟《れんめい》」のルールでおこなっています。

また、選手《せんしゅ》によって、障《しょう》がいの種類《しゅるい》や程度《ていど》はさまざまなので、公平に勝負ができるように「クラス分け」をして、同じクラスの選手《せんしゅ》どうしで競《きそ》い合《あ》います。

クラスは、種目《しゅもく》を表すアルファベットと、障《しょう》がいの種類《しゅるい》や程度《ていど》を表す数字を組み合わせて、細かく分けられています。

種目《しゅもく》は、自由形《じゆうがた》や背泳《せおよ》ぎ、バタフライを「S《エス》」、平泳《ひらおよ》ぎを「SB《エスビー》」、個人《こじん》メドレー（バタフライ、背泳《せおよ》ぎ、平泳《ひらおよ》ぎ、自由形《じゆうがた》の順番《じゅんばん》で泳ぐ種目《しゅもく》）を「SM《エスエム》」と表します。

障《しょう》がいの種類《しゅるい》や程度《ていど》はさらに細かく、全部で14のクラスに分けられます。

例《たと》えば、「SB14《エスビー》」とは、「知的障《ちてきしょう》がいクラスの平泳《ひらおよ》ぎ」を示《しめ》していることになります。

クラス分けをすることで、男女別《べつ》に同じくらいの力をもった選手《せんしゅ》たちが、順位《じゅんい》を競《きそ》うことができます。クラス分けが、公平なレースをささえているのです。

クラス	種目《しゅもく》
S《エス》	自由形《じゆうがた》
	背泳《せおよ》ぎ
	バタフライ
SB《エスビー》	平泳《ひらおよ》ぎ
SM《エスエム》	個人《こじん》メドレー

SB《エス ビー》14

（知的障《ちてきしょう》がい クラスの平泳《ひらおよ》ぎ）

クラス	障《しょう》がいの種類《しゅるい》・程度《ていど》	
1	体の機能《きのう》に関《かん》する障《しょう》がい（切断《せつだん》、脊髄《せきずい》損傷《そんしょう》、脳性《のうせい》まひなどの肢体《したい》不自由《ふじゆう》）	重い
2		
3		
4		
5		
6		
7		
8		
9		
10		軽い
11	視覚障《しかくしょう》がい	重い
12		
13		軽い
14	知的障《ちてきしょう》がい	

種目《しゅもく》と、障《しょう》がいの種類《しゅるい》・程度《ていど》の数字を組み合わせて表す。拓朗《たくろう》はS《エス》9クラス。

コラム

パラ水泳のルール①

—さまざまなスタートの方法《ほうほう》—

パラリンピックの水泳競技《きょうぎ》では、スタートについていろいろな方法《ほうほう》があります。

■聴覚《ちょうかく》に障《しょう》がいのある選手《せんしゅ》のスタート

音ではなく、目で見てわかるものを使用して、スタートの合図を出します。

■水中からのスタート

飛《と》び込《こ》みでスタートする種目《しゅもく》では、障《しょう》がいによって飛《と》び込《こ》みができない選手《せんしゅ》に、水中からのスタートが認《みと》められています。

スターティンググリップをにぎって、スタート位置《いち》につく。

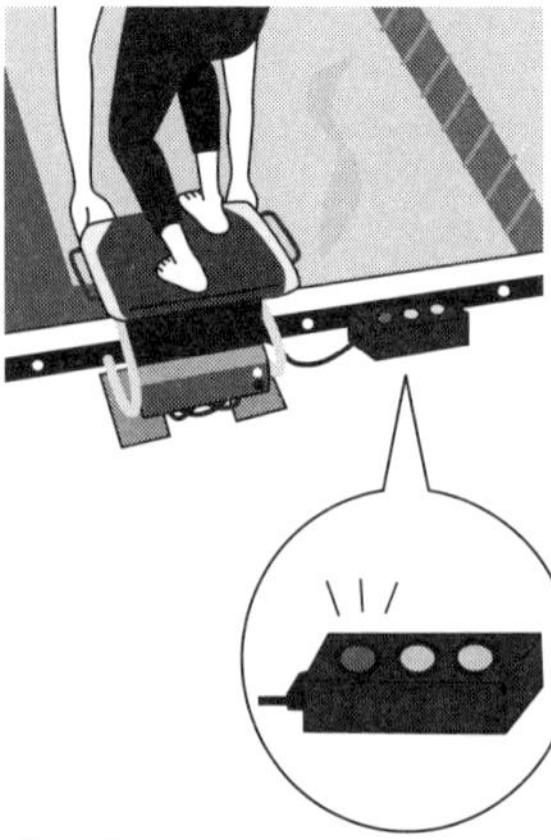

飛《と》び込《こ》み台の近くなどに、光ってスタートの合図を出すシグナルを置《お》く。

■背《せ》泳《およ》ぎのスタート

背《せ》泳《およ》ぎでは、スターティンググリップをにぎって、スタートします。にぎることができない選手《せんしゅ》は、補助具《ほじょぐ》を使います。

通常《つうじょう》のスタート

両手でスターティング
グリップをにぎる。

補助具《ほじょぐ》を使ったスタート

ベルト

ベルトを手首のあたりに
かけて、体をささえる。

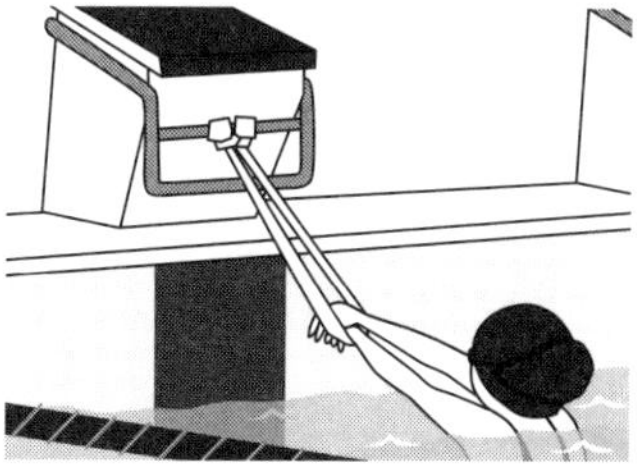

取り付け式用具

取り付け式の用具を使って、
スターティンググリップの
高さや角度を調整《ちょうせい》する。

ひも

ひもを口でくわえて、
体をささえる。タオ
ルを使う選手《せんしゅ》もいる。

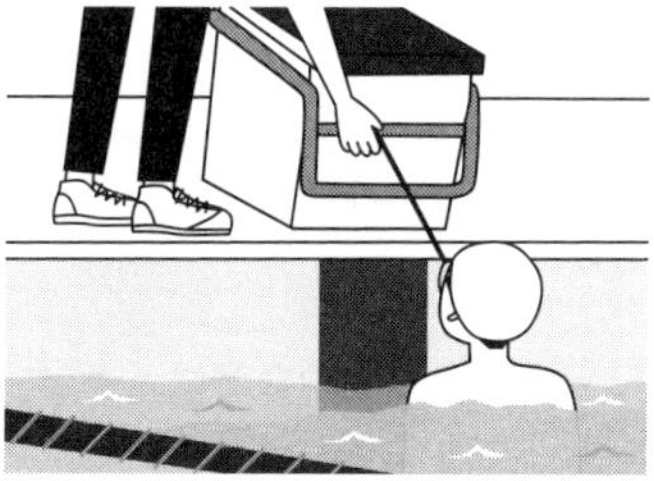

コラム

パラ水泳のルール②

—選手《せんしゅ》をささえる人たち—

競技《きょうぎ》をおこなうときに、障《しょう》がいによってけがをするおそれがある場合は、スタッフが選手《せんしゅ》のサポートをします。

■プールに入退水《にゅうたいすい》するときのサポート

車いすの乗《の》り降《お》りの手助けなど、選《せん》手《しゅ》が安全に、プールに入ったり、プールから出たりできるように、補助《ほじょ》します。

■視覚障《しかくしょう》がい選手《せんしゅ》のサポート

視覚障《しかくしょう》がいのある選手《せんしゅ》が、壁《かべ》にぶつかってしまわないよう、ゴールやターンの直前に、タッパーが道具を使って知らせます。

タッピングバーで選手《せんしゅ》をタッチして、壁《かべ》に近づいていることを知らせる。

■スタートのサポート

障《しょう》がいによって、スタートの体勢《たいせい》が不安定《ふあんてい》になってしまう選手《せんしゅ》の体を、ささえます。

フィートスタート

足の裏《うら》が壁《かべ》からはなれないように、スタートまで押《お》さえる。

体の固定《こてい》

コーチが選手《せんしゅ》の体を押《お》さえて、スタートの合図とともにはなす。

飛《と》び込《こ》み台での固定《こてい》

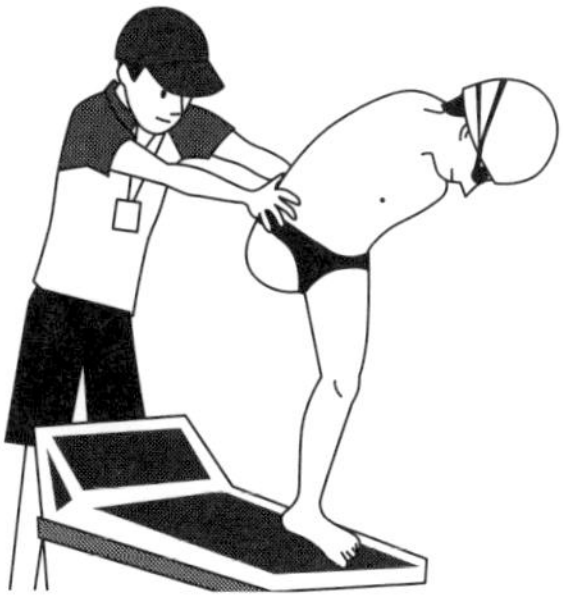

飛《と》び込《こ》み台で立ちどまることがむずかしい選手《せんしゅ》の体をささえる。

文・沢田俊子（さわだ・としこ）
京都府生まれ。日本児童文芸家協会会員。『盲導犬不合格物語』（学研）で産経児童出版文化賞を受賞、絵本『おしゃべりな毛糸玉』（文研出版）、『目の見えない子ねこ、どろっぷ』（講談社）、『めざせスペシャルオリンピックス・世界大会！』（文研出版）など著書多数。

Special thanks　高城直基
高木英樹（筑波大学教授）
神戸楽泳会
立石 諒
酒井喜和
明石利子
大井 浩

協力　山田康吉　山田房枝　山田眞崇
一般社団法人 日本身体障がい者水泳連盟
株式会社 NTT ドコモ
株式会社 プラミン　岩瀬史子

写真提供　山田康吉　山田房枝　山田眞崇（p53を除く、1章〜5章）
株式会社 NTT ドコモ（6章〜10章）
寺西真人（p53）

企画・編集　株式会社 童夢

パラリンピックのアスリートたち
もっともっと、速《はや》くなれる——パラ水泳《すいえい》 山田《やまだ》拓朗《たくろう》

2018年4月10日　初　版　**NDC785 143P 20cm**

作　者　沢田　俊子
発行者　田所　稔

発行所　株式会社　新日本出版社
〒151-0051　東京都渋谷区千駄ヶ谷4-25-6
03（3423）8402（営業）
03（3423）9323（編集）
info@shinnihon-net.co.jp
www.shinnihon-net.co.jp
振　替　00130-0-13681
印　刷　亨有堂印刷所　　製本　小泉製本

落丁・乱丁がありましたらおとりかえいたします。

ISBN 978-4-406-06233-6　C8375　Printed in Japan